人生がうまくいく人の

ジェラスフリーな生き方

Jealous Free

清川永里子

三笠書房

はじめに

『人生がうまくいく人のジェラスフリーな生き方』

このタイトルを見て、あなたはどんな印象を受けたでしょうか。

「ジェラスフリー」とは私の造語です。

ジェラス＝妬《ねた》み

フリー＝自由

詳しくは本文で書いていますが、ジェラスフリーという言葉には「妬みから自由になる」という意味を込めています。

誰かを妬んでしまっている自分に気づいたとき、ほとんどの人がそのネガティブな感情に悩みます。人と比べてしまう自分に落ち込んだり、人の成功や幸せを素直に喜んであげられず、胸にもやもやチクチクとしたものを感じたり。そんなことを思ってしまう自分にも苦しみます。

では、その気持ちから解放されるにはどうしたらいいのでしょうか。

誰かを妬んでいるなんていうことは人には知られたくないものです。ですから、そのような厄介な感情を抱えていることを人にも相談できず、ひとり苦しんでいる人も多いことでしょう。

本書はそんな妬みから自由になりたい、ネガティブな感情に振り回されず自分らしく生きたいという思いに寄り添い、一緒に解決していくための本です。


妬みの感情は複雑に心の中で絡《から》み合っていますが、その感情を否定することなく受け入れて、それをひもといていくと、そこに自分の本当の願望が見えてきます。

自分が本当は何を望んでいるのかがわかれば、妬ましさを感じている相手と同じ成功や幸せを手に入れようとしてもがくこともなくなります。人からの評価も気にならなくなるでしょう。


今、あなたに必要なのは、自分の妬みと向き合うほんの少しの勇気です。

また、妬みは確かにネガティブな感情かもしれません。しかし、その感情のエネルギーはあなた次第でポジティブに変えていけます。ネガティブな感情は飛躍のための起爆剤にもなるからです。

一方、悩んでいるのは妬む側だけではありません。妬まれる側も同じように苦しいものです。

妬まれてしまって嫌な感情を向けられたり、マウントされてしまったり、ときにはひどいことを言われることさえあります。特に身近な人間関係の中で妬まれてしまうと、どうつき合っていけばいいのか、またどのように振る舞えばいいのか困惑する人も多いでしょう。

妬むのも妬まれるのも、心に受けるダメージはとても大きいのです。

どんな人にも多かれ少なかれ妬みの感情はあるものです。ですからそれをなくすことはできません。

ただ、それにとらわれず自由になることはできます。

私が妬みの研究を始めてから、これまでたくさんの妬む人、妬まれる人を見てきました。私自身も妬みの感情に振り回されたひとりです。

その経験からいえることは、妬みに向き合い受け入れることができた人は、その感情から自由になれるだけでなく、自分自身の可能性に気づき、そこから人生がどんどんうまくいくようになります。

そんな「ジェラスフリーな生き方」を、あなたもぜひ手に入れてください。

本書がその手助けとなれば幸いです。

もくじ

1章

なぜあの人のことがこんなにも気になってしまうのか

――その気持ちの正体は……？

2章

妬まない人はいない、比べない人もいない
――それは必要な感情なんです

3章

この苦しい気持ちをなんとかしたい！
——妬む人、妬まれる人の対処法

4章 自分のすばらしさに気づいていますか？

——妬みと無縁になる心の整え方

5章

さあ、新しい一歩を踏み出そう!

——ここから新しい自分が始まる

本文イラスト　さとうりさ
企画協力　舛田光洋
DTP作成　株式会社Sun Fuerza

1章

なぜあの人のことが
こんなにも気になってしまうのか

――その気持ちの正体は……？

1 心にもやもやチクチクしたものを感じたら

「もう！　そんな成功話を聞いたら、ジェラッちゃうよ！」

私が参加した食事会で、飛び交っていた言葉です。

その食事会では、私がジェラシー研究家であることから、妬み（ジェラシー）が話題になり、その話で盛り上がっていました。

「妬み」という言葉は、あまりいい意味で使われないものですが、それを「ジェラシー」という言葉にするとちょっと軽くなるのか、みな面白おかしく話していました。

言葉というのはとても不思議なもので、話しているうちに、少しポジティブな要素まで感じられるようになりました。

しまいには、誰もがそれぞれ会話の中で、

「それ、ジェラシーじゃない!?」

「あ！　この感情はジェラシーですね！」

「うわー！　その話にジェラッちゃうな!!!」

と、競《きそ》って「ジェラシー」という言葉を使いたがり、終始楽しく盛り上がりました。

そして、その日の食事会の参加者の多くが、

「妬みを『ジェラシー』って言葉に換えて話したら、なんだか気持ちが軽くなりました！」

「自分で妬みの感情に気がつくと、もやもやが吹き飛びますね！」

「ネガティブな気持ちも表に出すと、とたんに解消されちゃうというか、楽しいですね。しかも話すことで、お互い仲よくなれる気がする。最高ですね！」

などと、笑顔で話していました。


このように、妬みという言葉を「ジェラシー」といい換えたり、またその感情を自分の中に留めておくのではなく、あえて明るく人に話したりするなどして、自分でコントロールできれば、妬みにはむしろメリットがたくさんあります。

とはいえ、妬みについてはこんなふうに明るく話せないことのほうが多いでしょう。

たとえば、

- 喜びたいと思っているのになぜか喜べない
- 「おめでとう」と言っても気持ちが乗らない
- なんとなくその人から目を背《そむ》けたくなってしまう

このような、なんともいえない、もやもやチクチクとした感情に気がついたとき、あなたはどうしているでしょうか？

- 考えないようにする
- 悲しい気持ちになる、またはイライラしてしまう
- なるべくその感情は表に出さないようにする
- その人に対して攻撃的になる
- その人をからかったりいじったりする

など、心の中でさまざまな葛藤が生まれ、相手に対して嫌な態度をとってしまうこともあれば、そんな感情を抱いてしまった自分を責め、なんて器《うつわ》の小さい人間なのだと、自分を否定したくなることもあるかもしれません。

私たちはなぜか、**妬み＝負の感情**であり、人に見せたくない恥ずかしいものと思いがちです。ですが、妬みそのものは決して悪いものではありません。

今日からぜひ、**妬み＝飛躍のエネルギー**と概念を書き換えてみてください。

そして、冒頭の例のように、妬みをポジティブにコントロールできるようになると、自分自身を否定することがなくなり、人生も大きく好転しはじめるでしょう。

必ず今までとは違う自分に出会えるはずです。

妬みを「ネガティブなもの」と考えない

2

近い存在だからこそあの人が妬ましい

同じバレエ教室に通うお子さんを持つお母様方の会話です。

母親B「今度の発表会、A子ちゃんが主役らしいわよ」
母親C「え？　A子ちゃんて、確かまだうちのお教室に来て3年くらいじゃない？　うちの子はもう5年目なのに」
母親D「どうして？　A子ちゃん、そんなにうまくないわよね？」
母親B「あの子、先生の親戚だもの」
母親C「へえ、どうりで！　いいわよね、親戚だと主役がやれるのね」
母親D「地道に努力しても無駄ってことよね。最初から下駄履かせてもらってるんだもん」

子供を同じお稽古に通わせていると、母親同士でこのような会話になることも少なくないでしょう。ですが、この場合でいうと、先生もプロですから、ちゃんと実力を見て判断しています。むしろ、先生がその道の本物のプロであればなおのこと、身内には厳しいものです。

そして、抜擢されたA子ちゃんもみんなに納得してもらうために、誰よりも努力するはずです。もちろんA子ちゃんだけでなく、お母様もかなりのプレッシャーでしょう。

このように、子供が同じお稽古に通っていたり、自分たちが似たような環境で育ってきた友達同士だったり、職場に社歴や学歴が同じような同僚が多かったりする場合、**その中のひとりにスポットライトがあたるようなことが起こるとうわさ話が飛び交い、妬みが起こりやすくなる**ものです。

先のバレエの教室では、経験が浅いと思われているA子ちゃんが主役に選ばれたことでまわりの妬みをかってしまいましたが、選ばれたのがBさんやCさんのお子さんだったとしても、似たようなことになるでしょう。

しかし、共通のお友達でも、違うバレエ教室に通うE子ちゃんがE子ちゃんの通うスクールで主役に選ばれても、そうはなりません。

また、たとえば草野球のチームでは子供たち同士、その親同士で妬んだり妬まれたりすることがあっても、メジャーリーガーの大谷翔平選手に嫉妬することはありません。大谷選手には「嫉妬」ではなく「憧れ」を抱き、いつか大谷選手と一緒にプレーするのが夢とさえ思うはずです。

つまり、**妬みの感情は実力や環境が近い存在に対して抱くもの**だといえます。近いがゆえに比較してしまい、同じような実力だと思っていた相手が成功すると「自分のほうが上なのでは」とか、「ずるい」などと感じてしまったりするのです。

これは、一見ただの不満のように見えるかもしれませんがそうではありません。不満や違和感は妬みの種となり、やがて大きな妬みになるのです。

でも逆に、妬みは近い存在に対して生じるものだとわかっていれば、妬みが原因の人間関係のトラブルも回避しやすいでしょう。

妬みが生まれたときは、今の自分がいる環境や相手との関係を俯瞰《ふかん》してみてください。狭い世界でどんぐりの背比べをして苦しんでいることに気がつけば、その感情に飲み込まれることはなくなります。

逆に、妬まれてしまったときは、妬んでいる相手に自分と比べて実力に大差がないと思われている証拠でもあります。実力をつけてその差を広げることに集中しましょう。そうするといつのまにか妬まれなくなっていきます。

野球少年は大谷翔平を妬まない

3 他人の成功や幸せを許せないと感じてしまう心理

ずいぶん昔の話なのですが、私はある漫画が好きで、原作について語る趣味の会に入っていました。とても楽しい会で、会員同士仲よくつき合っていたのですが、あるとき新聞社の方から、私の音楽評論家としての観点からその漫画の時代背景にある音楽のことを連載しないか、というお話をいただきました。

ファンにとってこんなにうれしいことはないのですが、おそらくその依頼がきっかけで、そのコミュニティーの中の私より10歳以上年上の女性から、
「私、努力のない成功なんて認めないから！」
と、面と向かって言われてしまったのです。

そのときは私もまだ若かったですし、人からそのようなことを言われたことがなかったのでビックリして傷ついてしまったのですが、今思うと、この言葉には「妬み

の本質」がよく表われていると感じます。

「努力のない成功は認めない」

この言葉の意味は、

「努力をしているように見えないあなたの成功は認めない」

ということです。

確かにこの連載の話は偶然いただいたようなものです。彼女にとって私は何も努力していないのに、運だけで成功して、それが当たり前のように振る舞っている、苦労知らずの人間と見えていたのかもしれません。

私は常々、人の成功話にまつわる妬みの感情には、
・努力の有無
・自分の生《お》い立ちや環境
この二つが影響していると考えています。

誰かが成功したという話を耳にしたとき、多くの人はそれを賞賛しながらも、無意識のうちに「どうやってその成功を手に入れたのか」ということにフォーカスしています。

・苦労や努力をしてやっと成功を手に入れたのか
・まぐれや運でたまたま成功できたのか

前者であれば共感できますが、後者なら素直に喜んであげられなかったり、妬ましさを感じたりしてしまうのです。

近しい誰かの成功を知って妬みが生まれるとき、感情と思考は以下のように変化していきます。

①その人の成功を知る
②どれくらい努力していたのかが気になる
③自分も努力していたはずだと思う
④その人と自分を比べてしまう
⑤自分より努力しているように見えないと感じる(「見えない」というのがポイント)
⑥妬みの感情が生まれる

努力の有無を比較するならまだしも、「努力しているように見えないのがポイント」と書いたように、実際は相手の本当の努力や苦労には思いが至っていないことが多いのです。そして、生い立ちや環境、容姿など、相手にもともと備わっているものまで比較して、劣等感を持ってしまうこともあります。すると妬みはますます強固なものになってしまいます。

その人が努力しているかどうかは本当のところ本人にしかわかりません。人に見せないだけで誰よりも努力しているかもしれませんし、生い立ちや環境に恵まれていたとしても、他人には窺《うかが》い知れない苦労があったりするものです。

人は多かれ少なかれお互いを比べてしまうものです。どうしても比べてしまうのなら、表面的なことではなく、もう少し深いところで比べてみてください。

その人の努力や行動、運（実は運も実力のうち）を見て、なぜ自分はうまくいっていないのかを考えてみる。すると、自分の自信のなさや努力不足、行動不足などが見えてくるかもしれません。相手の実像を見ると、いろいろな発見があるものです。

自分の「思い込み」で妬んでいない？

4 妬みの感情の意外なメリット

「妬み」という言葉に、あなたはどんなイメージを持っているでしょうか。

子供の頃に「妬みはよくない感情です、そんな感情を持ってはいけません」と習ったわけでも、誰かにそのように言われたわけでもないのに、妬みという言葉にはネガティブなイメージがつきまといますよね。

妬みと似た言葉に、嫉《そね》み、羨《うらや》み、羨望《せんぼう》、恨みなどがありますが、それらの言葉にもポジティブなイメージはないように思えます。

それは、人を妬むことで自己嫌悪に陥《おちい》ってしまったり、妬みから人間関係がうまくいかなくなったり、ひどい場合は意地悪をしたりするといった場面を目にすることもあるからでしょう。

確かに妬むのも、妬まれるのも苦しいことなので、そういう意味では、妬みというのは厄介なものです。

ですが、私はここで、もう一度はっきりとお伝えします。

妬みの感情は悪いものではありません。

それには二つの理由があるのです。

まず、妬むということは、自分が何かに真剣に取り組み、頑張っている証拠でもあるからです。他人にはゆずれない何かがあるのだと思います。

頑張っていなかったら、自分がうまくいかなくても、うまくいっている人に対してもやもやチクチクはしません。また、自分が真剣に取り組んでいるもの以外なら、「へえ、そうなのね」とスルーできることも多いものです。

そしてもうひとつの理由。

妬みの感情はこじらせなければ、私たちを成長させてくれるものだからです。

人は自分がうまくいっていないときや自信がないとき、妬みの感情を抱きがちになります。

しかし、そんな感情を否定することなく、自分をありのままに認めることができれば、自分に足りないもの（実力や自信、前向きな発想など）に気づき、「自分も努力して実力をつけよう！」と、妬ましさやくやしさを前進するエネルギーに転換することができるようになります。ネガティブに向かっていたエネルギーを、そのままポジティブな方向へ向けることができるのです。

「妬み」は自分を飛躍させることができる、とても大切な感情のひとつ。**妬ましさを覚えたときは、自分が変われるチャンスでもある**のです。

しかし、そう受け止めることができないのは、

・妬んでしまう自分を認めたくない
・妬んでいることを人に知られたくない
・自分のことを心の狭い小さな人間だと思ってしまう
・妬んだ相手によくない感情を向けてしまう（相手を傷つけてしまいたくなる）

といった思いがよぎるからでしょう。

もちろん難しいことだとは思いますが、一度、妬みを誰にでもあるごく自然な感情として受け入れてみてください。そして、妬みは悪いものではなく、自分を成長させるために必要な感情なのかもしれないと考えてみてください。

妬みという感情を否定することがなくなると、妬んでいる自分のことを否定的に見ることもなくなります。このエネルギーをどう生かせるかと考えたり、解決策を探そうと思えたりするようになっていきます。

妬ましいと感じたら、むしろチャンスととらえよう

5

「好き」が妬みに変わるとき

妬みは近い存在に対して生じると、18ページに書きましたが、近いだけに一度その感情が生まれてしまうと、その人と一緒にいるのがつらくなってしまうものです。

もし、今、あなたが誰かに妬みの感情を抱いているとしたら、そうなったのはそもそもなぜか、考えてみてください。


「妬み」は「嫌い」という感情によく似ています。

そして「妬ましい」も「嫌い」も、それが高じると「大嫌い」とまで思ってしまうことになります。

人を大嫌いになるというのはつらいことですよね。

しかし、誰かを大嫌いになってしまったとき、その人のことがただ嫌いなのか、それとも妬みから大嫌いになってしまったのか、見きわめてください。そのどちらかに

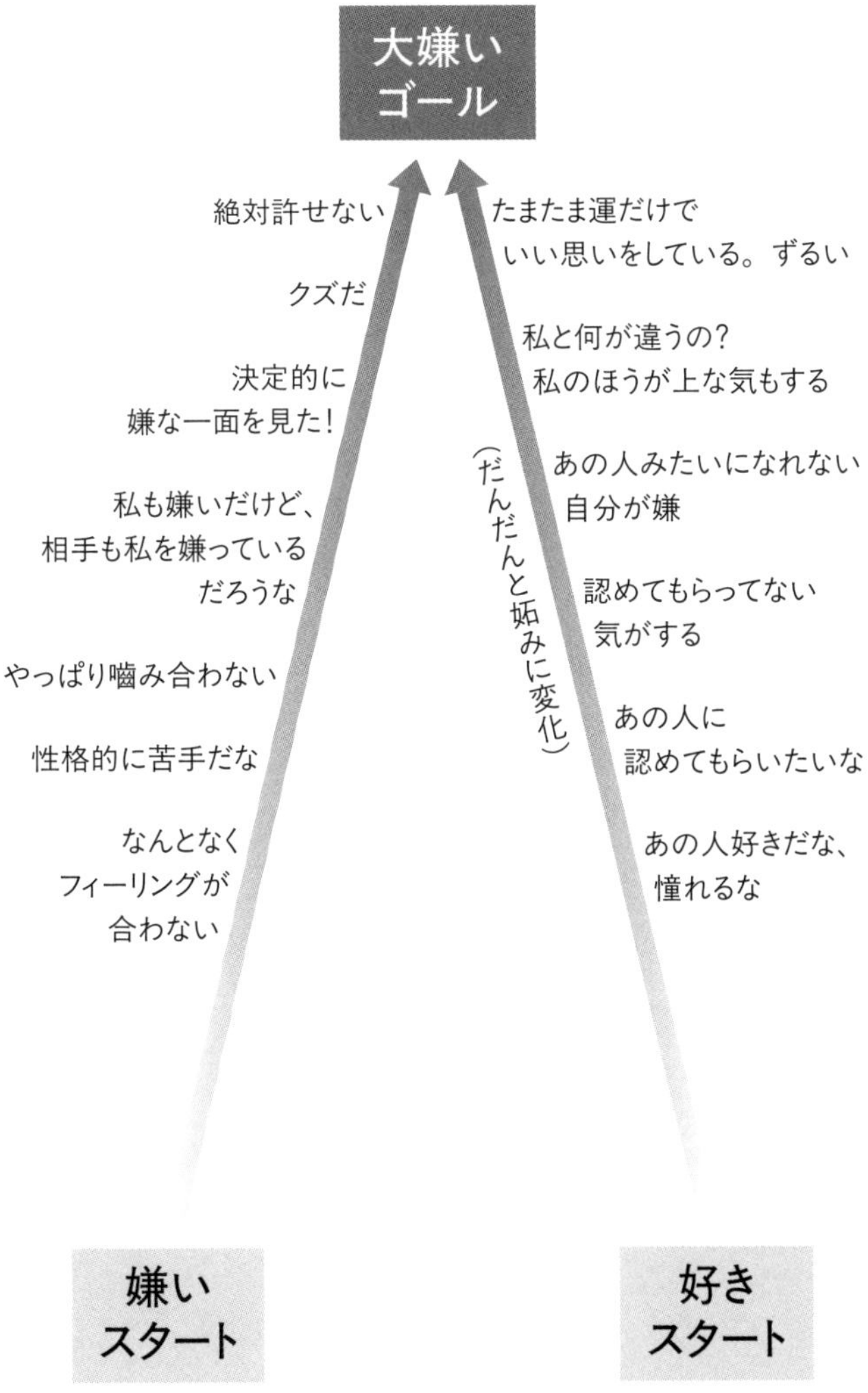
大嫌い
ゴール
絶対許せない
クズだ
決定的に
嫌な一面を見た！
私も嫌いだけど、
相手も私を嫌っている
だろうな
やっぱり嚙み合わない
性格的に苦手だな
なんとなく
フィーリングが
合わない
嫌い
スタート
たまたま運だけで
いい思いをしている。ずるい
私と何が違うの？
私のほうが上な気もする
あの人みたいになれない
自分が嫌
認めてもらってない
気がする
あの人に
認めてもらいたいな
あの人好きだな、
憧れるな
（だんだんと妬みに変化）
好き
スタート

よってその後の関係がまったく違ってきます。

私が嫉妬心や妬みについてヒアリングした人の多くは、その相手は「最初はとても仲がよかった人」「大好きだった人」だと言います。つまり、妬みの多くが「好き」からスタートしているのです。

今、あなたが嫌いだと思っている人のことを考えてみてください。
その嫌いは、「本当に嫌いなのか」ということです。
もしかしたら、その嫌いには妬みが絡んでいるのかもしれません。

その嫌いな人のことを最初から嫌いでしたか？
最初は好きだったのだとしたら、その「好き」という気持ちをこじらせてしまい、その人を冷静に見られなくなり、そこに「妬み」が入り込むことがとても多いのです。

妬みが原因で嫌いになったのであれば、妬んでいる自分を直視したくないがために、無意識のうちに「嫌い」と思い込むようにして、その人のいい部分を意図的に見ようとしなくなっています。

その人のことをまわりの人がほめても、認めようとしません。それどころか「そんなことはない（私が判断した情報のみが正しい）」と、相手に対するネガティブな気持ちを積み重ねていきます。そうなると、もう誰の言葉も耳に入りません。

その妬みは「好き」をこじらせてしまっただけかもしれない

ですが、もともとはその人のことを「好き」だったはずです。妬みの感情から解放されたいなら、相手をよく見てください。見ないようにしていた「いい部分」を認め、どこでどうこじらせてしまったのか冷静にさかのぼって考えてみることです。

そうすると妬みから解放されていき、当初の感情を思い出せる場合もあります。感情が徐々に好きに戻っていくと、その人と新しい関係を築くことができるはずです。

6

ネガティブな感情が教えてくれること

この章のはじめのほうでもお話ししましたが、妬みはほとんどの場合、実力や環境が近い存在に対して抱くものです。しかし一方で、手の届きそうにないものに対しても妬みが生じることがあります。

いわゆる「ないものねだり」で、たとえば身体的なこと、環境や考え方などが違う相手にうらやましいと感じてしまうのです。自分とはかけ離れていて「努力しても手に入らないものを持っている相手」に妬ましい気持ちになることもあります。

あの人みたいに背が高かったら、もっと素敵な服が着られるのに。

ああいう親に育てられたら、今は違う価値観を持っていただろう。

などというように、自分にないもの（自分が欲しいと思っているもの）を持っている相手に憧れるケースも多く、その憧れが好意的な感情に留まればいいのですが、憧れの気持ちが強くなりすぎてそれをこじらせてしまうと厄介です。もっとも、どう頑張っても手に入らないものでもあるので自分の中で納得しやすく、実際にそこまでこじらせることはないでしょう。

ここで大事なのは、**自分とかけ離れているもの、あるいは絶対に手に届きそうにないもので妬んでしまうとき、人は本当の自分自身を見ていない**ということです。

自分自身をあらためて見てみると、ほかの人にはない才能や魅力がたくさんあるものです。どうしても見つけられないという人はまわりの人に自分の印象やいいところを聞いてみるといいでしょう。他人の目には、自分は気づいていない一面が見えているものです。人と比べて足りないものではなく、自分にあるものに目を向けましょう。

それができれば妬みや嫉妬の感情が消えて、逆に自信を手にすることができるようになります。

自分に足りないものではなく、あるものに光をあてよう

7

世代の違いから生まれる妬みの対処法

以前、とあるカフェでひとりでお茶をしていたとき、こんな光景を目にしました。

私の隣のテーブルには、

・お舅《しゅうと》さん
・お姑《しゅうとめ》さん
・若いお嫁さん（以降、お嫁さん）
・お嫁さんの夫（以降、夫）
・夫のお兄さん（以降、お兄さん）

の五人のご家族がいました。どうやら若い夫婦のお嫁さんが妊娠したようで、みな喜びモードでした。

お嫁さん「このキーホルダー（マタニティーマーク：妊産婦が交通機関などを利用

するときに身につけ、周囲が妊産婦への配慮を示しやすくするもの）、ご存じですか？」

お兄さん「あ！　知っているよ。妊婦さんがつけるマークだよね」

夫「特に妊娠初期は見た目で妊娠していることがわかりにくいから、これをつけていると、まわりにわかってもらえていいよね」

お嫁さん「つわりがひどくていつも電車で具合が悪くなるんですけど、このマークのおかげで席をゆずってもらえたりして、本当に助かっているんです」

お舅さん「おお！　それはいいね。ありがたいマークだね」

そのとき、それまで黙って聞いていたお姑さんがひと言。

「そんなマーク、なんなのよ。お産なんて病気でもなんでもないんだから」

一同、凍りつきました。

その後すぐ、お兄さんが、

「いやいや。今の時代、そんなことを言うのはナンセンスだよ。妊婦さんはいたわらなきゃ！」

とフォローし、話題を変えました。

しかし、お嫁さんの顔は固まったままでした。

今でもそのお嫁さんの凍りついた顔が忘れられません。


さて、お姑さんの気持ちを代弁するとこうです。

「自分たちが若い頃は、妊婦だからといって大切にされることはなかった！　とてもつらかった！　なのに、今の妊婦は大切にされていてずるい！　私も大切にされたかった！　今の妊婦も私たちと同じように苦しむべきよ」


かつて自分が苦しんだことを、お嫁さんは苦しまなくてすんでいる、しかもまわりがそれをいいことだと喜んでいる。そんな状況が、お姑さんには許せなかったのでしょう。

本来ならば、同じ女性同士、自分が苦労したからこそ、若い世代にはラクをしてほしい、もっと生きやすい世の中になってほしいと願うものだと思うのですが。

このような世代の違いによって生まれる妬みの表現は、ひと昔前ならば、「嫁いびり」とか「義理のお母様の圧がすごい」とか、そういった言葉でたとえられていたのかもしれません。

その根本にあるのは息子をめぐっての妬みであったり、時代や環境の変化からくる妬みであったりする場合も多く見られます。母親と娘（嫁）とのあいだに生まれる妬みは話し合ったところで、理解し合うのはとても難しいものです。


母親たちの世代は、お姑さんの言葉のように「妊娠は病気ではない」だとか、社会や家族のために自分を犠牲にすることを求められていました。そんな親世代が、今の時代の女性を妬んでしまうのもある意味しかたがないことかもしれません。

あとの世代としては先人の苦労と経験をリスペクトして、自分の考えを押しつけず、また理解してもらおうと思わず、適切な距離をとるようにしましょう。

時代の常識と環境を思いやる

8

兄弟姉妹という永遠のライバル

兄弟姉妹というのは、よくも悪くも比べられることが多いようです。

もちろん親としては、「なるべく平等を心がけて」育てているでしょうが、親も人間ですので、100%平等にというのは難しいだろうと思います。

私のまわりでも、

・つい、下の子をかわいがってしまう
・異性の子のほうがかわいい（ママは男の子のほう、パパは女の子のほう）
・上の子は厳しく育ててしまった
・五人兄弟の三人目までは手をかけたけど、下の二人は手を抜いてしまった
・平等に子育てするなんてそもそも無理

といった話をよく聞きます。

そうしたことが直接影響するのか、あるいはいつも身近にライバルがいるせいなの

かはわかりませんが、実は兄弟姉妹間のけんかには、親から比較されたり兄弟姉妹同士で比較したりすることによる「妬み」が原因であることがとても多いのです。

・お兄ちゃんのほうがおかずが多い
・お姉ちゃんは新品を買ってもらったのに、私はいつもお古《ふる》
・弟のおもちゃのほうがいいものだった
・妹のほうが美人
・お姉ちゃんのほうが才能がある（ピアノやバレエなどの芸事に関して）
・お兄ちゃんは頭がいい
・妹のほうがママに抱っこしてもらう回数が多かった

など、日常生活の中に「比較」するシーンはいくらでもあります。そのため比較が当たり前になっていることも多く、ある意味、ひとりっ子よりも兄弟姉妹のいる人のほうが妬みに耐性がある（妬まれてもわりと平気）ともいえるでしょう。

そして成長するにつれ、勉強、就職、結婚、出産、老後の暮らしなど、比較する対象は変わりますが、一生、心のどこかでお互いを比べて生きていきます。

このような兄弟姉妹間の比較は、お互いがいいライバルとなって頑張れたりやる気になったりと、ポジティブな方向に向かうこともあります。

その一方で、たとえば、

・兄が親と同じく医者になったから自分はまったく別の職業を選んだ
・おしゃれな妹と比べられるのが嫌だから服装には逆に気をつかわなかった
・姉とは表面的には仲がいいけど、心から好きになれない

など、生き方や性格、選ぶ職業などにも影響することがあります。比較することに疲弊してしまってお互いに関わることを避け、大人になってからは疎遠になっている、という話もよく聞きます。

その場合は、一見仲違《なかたが》いしているようですが、実はトラブルになるのをうまく回避できているともいえます。ですので、そういう方には「幸せの距離を保てていますね」とお話しすることも多くあります。

なぜなら、**お互いに嫌な思いをしながら無理してつき合うより、距離をおくほうが**

心の平安を保てるからです。

兄弟姉妹のあいだで妬みが生まれてしまうと、家族ゆえに簡単には逃げられず、長く苦しむことにもなりかねません。ひどい場合は、一生を通して苦しむことになることもあります。

しかし、先にも書いたように兄弟姉妹は永遠のよきライバルでもあります。一番身近にいい競争相手がいるからこそ、頑張れたり自分を飛躍させられたりすることもあります。そのことを忘れないでいてほしいと思います。

お互いが一番幸せでいられる「距離」を見つけよう

9 あの人に「負けたくない！」と思ったら

あなたは負けず嫌いでしょうか？　私はふだんはあまり負けず嫌いではありませんが、何かのタイミングで絶対に負けたくない！　と思うようなことがあります。

高校生の頃、ピアノの先生に「あなた、○○高校なのに、ピアノの技術、この程度なの？」と言われ、そのひと言に、全身の血が逆流するようなくやしさを覚えました。あの先生に負けたくない！　と思うと全身にパワーがみなぎり、指から血が出てもかまわず鍵盤に向かいました。

そして迎えた次のレッスン。終了後、「さすが○○高校ね」と先生に言われたときには、「勝った」と思いました。

今思うと、声楽専攻の私がピアノの技術をけなされたところで、どうということもないのですが、私が「負けたくない」と思うときは、人に馬鹿にされたりしたときが多いと感じます。負けたくないと思うとき、その理由はいろいろだと思いますが、なかには妬みが絡んでいることもあります。

負けず嫌いと妬みは本人でも区別しづらく、単に妬んでいるだけなのに負けず嫌いだから、と勘違いする人も多いようです。あなたが誰かに負けたくない、と思ったときは、その感情はどちらなのか考えてみてください。

負けず嫌いと妬みの違い（カッコ内は妬みの場合）

・誰にも負けたくない。競争意識が強い（特定の人と同じようになりたい）

・勝つまで努力し、やり遂げる強い意志がある（そこまでの意志は感じられない）

このように、両者には似て非なる部分がありますが、負けず嫌いのほうは努力に行動が伴うので、感情をこじらせることも少ないように思います。

負けを認めたくないと思ったとき、それが負けず嫌いからなのか妬みからなのか、負けず嫌いが高じて妬みになることもありますが、前向きな負けず嫌いは、自分を成長させてくれることでしょう。

自分を成長させるいい負けず嫌いになろう

Column

自分の妬みのパターンを知ろう

妬みの感情が生まれたとき、どのような態度をとるか、大きく分けて四つのタイプがあります。あなたはどのタイプでしょうか？　チャートで確かめてみましょう。自分のことがわかるだけでなく、妬まれてしまったときの相手の分析にも役に立ちますので活用してみてください。

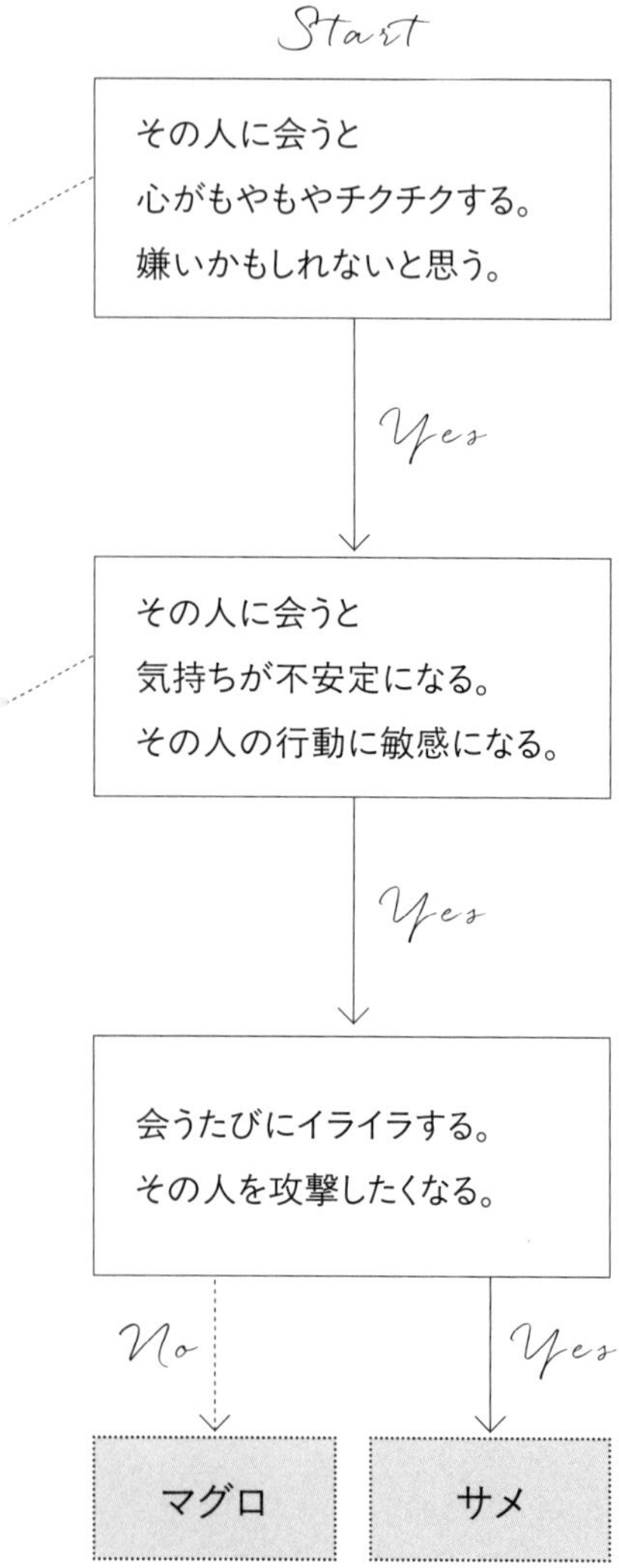

Start
その人に会うと
心がもやもやチクチクする。
嫌いかもしれないと思う。
Yes
その人に会うと
気持ちが不安定になる。
その人の行動に敏感になる。
Yes
会うたびにイライラする。
その人を攻撃したくなる。
No
Yes
マグロ
サメ

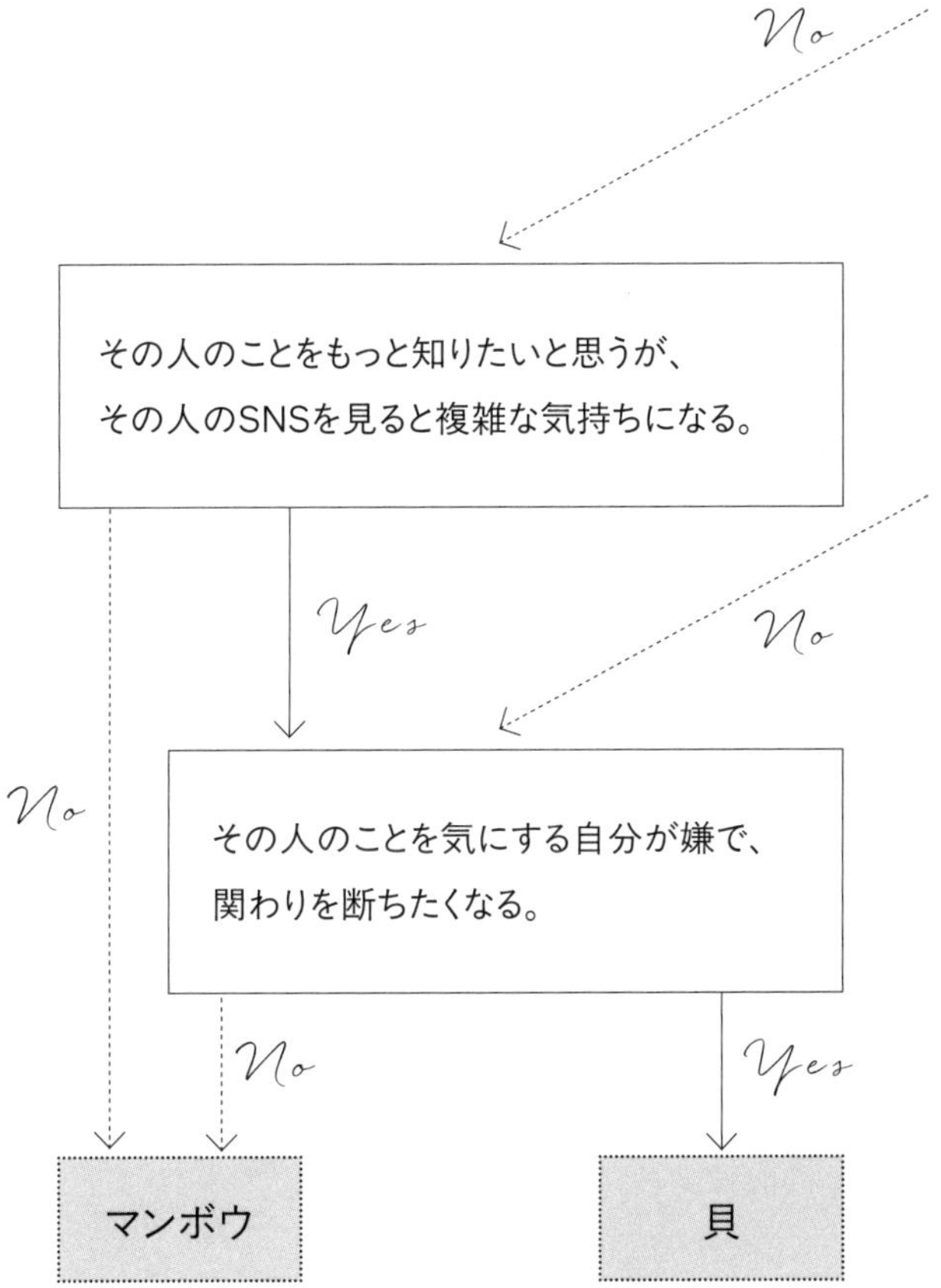
No
その人のことをもっと知りたいと思うが、
その人のSNSを見ると複雑な気持ちになる。
Yes
No
No
その人のことを気にする自分が嫌で、
関わりを断ちたくなる。
No
Yes
マンボウ
貝

◆サメタイプ

このタイプはとても強い攻撃性を持っています。

妬ましく思った人の一挙一動が気になってしまい、ときにはその人に暴言を吐いたり、人前でからかったりして恥をかかせようとすることもあります。

妬みを抱いた相手を攻撃することでダメージを与え、からかうことでマウントをとり、自分がすっきりしたいのかもしれませんが、標的にされたほうはたまったものではありません。はっきりいってやつあたりです。

一度攻撃をして、相手がひるんだり傷ついたりしているのがわかると快感を覚え、常習的に攻撃することも。このタイプは常にイライラした態度で接してくるので、妬んでいることがわかりやすいタイプでもあります。

◆マグロタイプ

このタイプは妬みを抱くと、心が不安定になって奇行に走ったり、急に態度や接し方を変えてきたりします。自分の不安を解消しようとして、行動が空回りするタイプでもあります。

妬まれたほうは、なぜそんな行動や態度をとるのかわからず困惑します。

◆**貝タイプ**

妬みを抱くと、妬んでいることを直視できずに心を閉ざしてしまい、妬んでいる相手との関係を一方的に切ろうとします。それ以外に自分の心を守るすべを知りません。関係を切ることが最大の自衛策なのです。

妬まれたほうは、何がなんだかわからず「なぜ?」「どうして?」と追いかけてしまうのですが、このタイプは一度心を閉ざしてしまったら、何をしても(どんなに話し合おうとしても、誤解だと言っても)開こうとしません。いつか自ら開いてくれるまで(その人の心の整理がつくまで)待つしかないでしょう。追えば追うほど心を固く閉ざしてしまいます。

◆**マンボウタイプ**

このタイプは、自分が妬んでいることにも妬まれていることにも気がつかないことが多く、ようやく気づいたときには事態が深刻になっていることもあります。そうなるとショックも大きく、妬んでも妬まれても、重症になりやすいタイプです。

あまり人間関係に敏感になりすぎても生きづらいものですが、もう少し人の気持ちをおもんぱかったり、ふだんから自分自身の気持ちを見つめるようにしたりしないと、世の中を渡っていくのが大変になるタイプです。

2章

妬まない人はいない、比べない人もいない

——それは必要な感情なんです

1 あなたが自分らしく生きる第一歩

自分が誰かを妬んでいることに気がついたとき、あなたはどんな気持ちになるでしょうか。

よくあるのは、

・自分自身に落胆する
・怒りがこみあげてくる
・ずっともやもやチクチクする

など、自分では認めたくないものを「見てしまった」ような気持ち、自己嫌悪、あるいは罪悪感にも似た感情かもしれません。

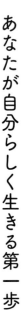

ですが、たとえネガティブなものであったとしても、**その感情を自覚できたことは「すばらしい」**と、力強くお伝えしたいのです。

なぜなら、それは「あなたが自分らしく生きるための大切な一歩を踏み出した」ことになるからです。

もちろん「人を妬みたくない」とか「嫉妬深い人間だと思われたくない」という気持ちはよくわかります。わざわざ人に言う必要はありませんが、自分の中でしっかりと「自分のこの感情は妬みだ」と認めることが、その感情を手放す第一歩となるのです。


自分が誰かを妬んでいると認めるのは勇気がいります。

しかし、妬んでいると認めることによって、まず自分がどれぐらい妬んでいるのか、どんなことに反応して妬んでいるのか、ということにきちんと向き合うことができます。

受け入れ、認めることができてはじめて、心をネガティブな状態から解放することができるのです。

どんな気持ちでもそれに蓋《ふた》をするのはやめよう

2

感情を「見える化」してみよう

前の項で、妬みを抱いていると自覚できるのはすばらしいことだとお伝えしましたが、あまり気分のいいものではないでしょう。

また、一度妬みが生まれると、だんだんそのことが頭から離れなくなります。妬むまいと努めても妬んでしまい、自己嫌悪に陥ることにもなりがちです。

そんなときは、妬みを無理になくそうとするのではなく、逆に「見える化」する作業をするといいでしょう。次のワークで「妬み」を自分から一度離して客観視することで、自己嫌悪の無限ループから抜け出せます。

妬みの見える化ワーク

①まずは妬んでいることを素直に受け入れる（汚いもののように感じても否定せず、あえてそのまま受け止めてみる）

②そのうえで、次の問いに答えていく
・その感情は本当に妬みなのか（ただ嫌いなだけではないのか）
・妬みだとしたら何を妬んでいるのか
・どんなふうに妬んでいるのか（ずるいと感じるのか、許せないと感じるのか、自分が負けたと感じるのか、など）
・どうしてそんなふうに感じてしまうのか

このようにして、妬みをひとつひとつ心の中で分解していくと、今の自分を俯瞰して見ることができます。

それによって自分の感情を冷静に整理することができるのです。

すると、人を妬んでいるときの「なんだかよくわからないけれど何か嫌な感情」、あるいは「なんとなくネガティブな感情」の全体像も見えてきます。

ここでもうひとつワークを紹介します。

今あなたの中にある妬みはどんな形をしているでしょうか。
感情を形にするのは難しいかもしれませんが、イメージしてみてください。

たとえば、
・ゴツゴツとした、球体
・ふわふわとしていて輪郭は見えない
・自分の分身のような人型
・ベタベタとした液体
などというように、自分の妬みを形にしてみましょう。

妬みをイメージの中で可視化してみると、
・思っていたより小さかった
・書き出してみたら何か違った
・想像以上に妬みは強いと思った
・意外とかわいいものだった

と、いろいろな発見があるかと思います。

妬みの感情を分解したり、あるいは形でイメージしたりすることで、「どうにもならない嫌な感情」から「自分次第でなんとかできるかもしれないもの」へと変化していきます。

するとネガティブな感情を抱いてしまった自分に対する嫌悪感や罪悪感も切り離せるので、一時的ではありますが心がラクになります。

妬みは分解すると、形が見えてきて怖くなくなる

3

妬むのはあなたが頑張っている証拠

突然ですが、あなたは人に妬みを感じやすいタイプでしょうか？
すぐ妬んでしまう、妬むときもある、あまり妬まない……など、人それぞれ妬み方と度合いは違います。

たまに、「まったく妬むことがない」という人もいますが、それは妬んでいることに気がついていないか、自然にうまく妬みをかわす能力のある人、またはどうしてもゆずれないものがない人だと思います。

妬みは誰にでもある感情ですが、たとえば、食欲なども人それぞれ度合いが違うように、妬みも人それぞれ度合いが違うものです。
もしあなたが妬みを感じやすいタイプだとしたら、ふだんから何事にも一生懸命頑張っている人でしょう。というのは、妬みの多くが頑張っているからこそ生まれる感情でもあるからです。

頑張っているけれど成果が出ない、でもあの人に負けたくない。

そんな気持ちが高じて、妬みを持ってしまうのです。

とはいえ、妬みがあるときはその感情に振り回され、本来の自分が見えなくなりがちです。相手のことばかりに目が行き、自分が頑張っていることに気づきにくいものです。

もし、あなたが相手のことばかり考えて苦しい思いをしているなら、前の項で説明した「妬みの見える化ワーク」をすることをおすすめします。

そのうえで、**大切なのはまず「自分の頑張りを認める」こと**だと思います。

たとえば、次のように、今の状況から逆算して考えてみましょう。

①自分はどうして報《むく》われないと感じるのか
②自分は頑張っているか、または頑張っていないのか
③頑張っているとしたら何をどう頑張っているのか
④十分すぎるほど頑張っている（まだ結果が出ていないだけ）

このように考えていくと、とても頑張っている自分に気づくことができます。

前の項でも書いたように、妬みを無理に押さえつける必要はありません。ただ、こじらせないために自分の感情を整理することがとても大事です。

妬みにとらわれてしまうと、どうしても妬んでいる相手のことにばかりフォーカスしてしまい、自分の感情を大切にすることを忘れてしまうもの。そして、妬んでいるときは、他人軸（他人の意見に振り回される）になりやすいときでもありますので、しっかりと自分軸に戻すことを意識してください。

すると、他人の幸せや成功、不幸や失敗もあなたには関係のないことだと思えるよ

うになるはずです。

まずは、頑張っている自分をしっかりと見つけ、自分自身の頑張りを認めてあげましょう。

そうすることで、今は相手のことばかりにとらわれてしまっているけれど、本当に大切なのは自分自身であるということがよくわかると思います。

本来の自分の力、頑張りを信じよう

4

美学が妬みに影響するとき
自分の苦労や努力を隠す人、隠さない人

私は常々、人間には大きく分けて二種類のタイプがいると思っています。

A　自分の苦労を人に言いたがる人
B　自分の苦労はなるべく人に言いたくない人

あなたはどちらのタイプでしょうか？
どちらがいいとか悪いとかいうものではありません。
ですが、成功したときに妬まれやすいのはBのタイプです。

なぜなら、Aの「自分の苦労を人に言いたがる人」は、ふだんから自分の苦労を包み隠さずまわりに披露します。それが個人的な話やディープな内容であっても躊躇《ちゅうちょ》することも恥ずかしがることもなく、とにかく事実として伝えます。

その結果、まわりの人から「そんな苦労があったのにそれを乗り越えて成功してすごい」と共感され、応援してもらえることになりやすく、妬まれないのです。


一方、Bの「自分の苦労はなるべく人に言いたくない人」は、自分が努力しているところは表に出さないことを美学としているようなところがあります。

自分の生き方にいい意味でプライドを持っているので、たとえば白鳥のように、他人には水面上の優雅な姿のみを見せます。水面下で足を必死に動かしているところを見せるのは美しくないと考えているのです。

また、自分の気持ちや状況を言語化するのが苦手な人も多いようです。

そのため運だけでうまくいっているように見えたり、ずるをして成功を手に入れたように見えたりして妬まれることも多いのです。


実はこの二つのタイプは、身近にいるとお互いに「合わない」と感じることも多く、妬みが生じることも少なくありません。なぜなら、心のどこかでうっすらと相手のことをうらやましく思っているからです。
Ａタイプは、苦労話などで人の心を引きつけるのではなく、プライドを持って生きるＢタイプの姿に憧れがあり、Ｂタイプは、平気で自己開示することで妬まれることなく多くの人の共感を得られるＡタイプのやり方は自分にはない才能だと思っているのです。

Ａタイプは確かにあまり妬まれない人ですが、世の中、なんでもオープンにすればいいという考えの人ばかりではありません。逆にその人の考えを押しつけられたように感じる人もいます。自己開示するのはいいですが、一度立ち止まって、相手の美学を推しはかるようにしましょう。そうすることで余計なトラブルを避けることができ、より良好な人間関係を築けます。

一方、あまり人に苦労を話さないＢタイプならば、少し自己開示して苦労話をしてみると、状況が変わることもあります。
自分の美学に反すると思うこともあるかもしれませんが、不必要に妬みをかわないための方便として自己開示をしてみてはいかがでしょうか。そうすることで味方も増え、もっと世界も広がると思います。

人にはそれぞれの生き方、「美学」があります。その美学を変える必要はありませんが、それによって妬まれることもあるのは紛れもない事実です。

人の生き方に対してもっと柔軟な考えを持ちましょう。すると妬むことも妬まれることもなくなるだけでなく、お互いの魅力に気づけたり、そこから新しい出会いに恵まれたり、うれしい機会がどんどん飛び込んでくるでしょう。

相手の生き方を尊重すると世界が広がる

5

「比べない生き方」を手放そう

妬みは自分を誰かと「比べる」ことから始まります。
アメリカの社会心理学者フェスティンガー（一九一九～一九八九年）は、もともと人間には自分の能力を正当に評価したいという動機があり、それを満たすために人と比較するといっています。また、比べる相手は自分と似た人が選ばれやすい傾向があるともいいます。

その比較には、
・自分より望ましい状態にある人と比較する「上方比較」
・自分よりも下だと感じられる人と比較する「下方比較」
の二つがあり、私は妬みで苦しくなるとき、人は上方比較をしていることが多いと感じています。

では、比べなければいいのかというと、そうではありません。

世の中には「比べない生き方」がいいという考え方もあると思いますが、**私はむしろ、比べはじめたらチャンスだと思っています。**

なぜなら、一度、徹底的に比べることで、自己分析ができるからです。すると自分が何を望んでいるのか、目標が明確になり、どうすればそこにたどり着けるのか、その方法を考えるようになります。

比べる相手はいわば、自分の「壁打ちの相手」でもあるのです。

今、あなたにどうしても気になってしまう相手がいるならば、いい機会なので、次のステップを踏んで、徹底的に比べてみることをおすすめします。

①何を比べているのか、比べて一番嫌なことを探る
（たとえば仕事、成績、容姿、環境など）

②自分とその人の差はどこにあるのか考えてみる

③どこが足りないのか考えてみる
④どんな努力をすれば、改善できるのか考えてみる
（容姿などは変えられないと思われがちですが、化粧や女子力を上げるなどの努力はできます。環境も少し時間がかかりますが、努力によって理想の環境に近づけることはできます）

このようにして自分を分析するのは、自分の見たくない部分も見ることになり、痛みを伴うもの。ですが、その部分を見ないでうやむやにしていると、妬みは増していく一方です。

すると、妬みに気をとられて自分自身が本当に求めているものやたどり着きたいゴールがわからなくなり、結果、遠回りをすることになってしまうのです。

妬んでいないふりをしても逆につらいだけなので、妬ましいと感じる相手がいるなら徹底的に比べましょう。

そして、どんな自分であれば満足できるのか、それを明確にイメージして目標を立

てください。

ゴールがわかれば、そこまでの最短ルートが見えてくるだけでなく、自由にゴールに向かうための心の地図を手に入れたも同然です。

あとはその地図にしたがって進んでいけばいいだけです。

自由な心の地図を手に入れよう

6

ヤマアラシのジレンマ
大切な人とのあいだに妬みが入り込んだとき

「あなたのことが、どうしても妬ましいの！」

と、電話口で号泣されたことがあります。今から約20年前のことです。

号泣したその人はとても近しい人でした。大好きな人でした。その人にはなんでも話していました。私もその人の話をなんでも聞いていました。昔からの古い古い友達でした。

そのとき、いったい何が起こったのかわかりませんでした。

どんなふうに電話を切ったのかも覚えていません。

ですが、とてもとても深い悲しみを感じたことだけは覚えています。

私たちはもう、昔のような関係には戻れないかもしれないという思い。

私の何が大切な人を号泣させてしまったのかという動揺。

思い出すと、今でも胸の片隅にチリッとした痛みを感じます。

私の苦労は一番その人が聞いていたはずですし、わかっていたはずです。学生時代からお互いにいろんなことを話してきましたし、悩んでいることや苦しんでいることも共有してきました。だから私がそのとき、いろいろうまくいっているように見えて、実はつらい思いをしていたこともわかってくれていると思っていました。

彼女は私の何を妬んだのか。

本当のところは本人にしかわかりませんが、私の肩書きだったのではないかと思います。というのは、当時の私は、肩書きだけでいえば、いわゆる「女の幸せ」と呼ばれるものすべてを手にしていたからです。

世の中では、いまだに肩書きがあればすばらしい人、実績がある人、努力した人、えらい人、と思われることがあります。ですが、肩書きがその人のすべてを表わすものではないですよね。

確かに相手を知るバロメーターのひとつにはなるかもしれません。

学歴は努力した証《あか》しでもありますし、何かの賞はその人が今、どの位置にいるのかを表わすものでもありますし、ある程度、そういったもので人が判断されるのはしかたのないことでしょう。

でも、どうでしょうか。たとえば、
・大金持ちと結婚している。けれど家では夫のDVに苦しんでいる
・スーパーエリートと結婚している。けれど家では夫のモラハラに苦しんでいる
・誰もがうらやむ成功者。けれど心を許せる友がなく、孤独を感じている
・優秀な家族。けれどそのために子供にはスパルタ教育で、成績が悪ければご飯も食べさせない
・外では立派な父親。けれど家では子供に暴力をふるっている
このような話はいくらでもあります。なぜなら、人は表の顔しかまわりに見せないからです。その表の顔だけを見て、うらやましい、妬ましいとなる例は世の中にあふれています。

肩書きはブランド物の服と同じです。それを身につけているからといって必ずしも

中身が伴っているとは限りません。

冒頭の一件は、私の裏を一番知っているはずの人に起こってしまった出来事でした。相手の表の部分が自分に足りないものだったり、自分が手に入れたいものだったりすると、裏の部分がわかっていたとしてもそれが見えなくなることがあります。

もしかしたら彼女は、自分が欲しいものを私が全部持っていると思いつめてしまったのかもしれません。

ですが、あのとき、彼女がはっきりと「妬ましい」と言えたことは彼女にとってよかったと今では思っています。そして、私も言ってもらえてよかったと思っています。

なぜなら、彼女がはっきり言ってくれていなかったら、私はもっと彼女を傷つけていたかもしれません。あの言葉があったからこそ、適度な距離を保つことができて、そして、今、良好な関係になれていると思っています。

その後、私たちは一度も会っていません。ですがお互いを思いやっていることは、それまでとても近い関係だったからよくわかります。

私もいつも彼女の幸せを願っています。
いつか、また話せるときが来るかもしれないし、来ないかもしれません。
でも、それでいいと思っています。

ヤマアラシのジレンマという言葉をご存じでしょうか？
二匹のヤマアラシはお互いを温め合いたいのですが、近づきすぎるとお互いのトゲで相手を傷つけてしまうのです。

とても仲のよかった関係が妬みによって壊れてしまうことはよくあります。

しかし、一度こじれた関係を元に戻すことが必ずしもいいこととは限りません。

もちろん、妬みを解消して、元の関係や「好き」という気持ちに戻れれば、一番いいとは思います。

ですが、二匹のヤマアラシのようにお互いに傷つかずに、平和でいられる距離と関係性もあるのではないでしょうか。

妬みにはいろいろな終着点がある

妬みから生まれる人間関係のトラブルにはいろいろな終着点があります。自分に合った解決法と、関係性を探してみることが、ベストな終着点だと私は思っています。

7
妬みやすさは心のクセのようなもの

ある本屋さんで、幼稚園児くらいの男の子とその父親が絵本を見ながら、会話をしていました。

男の子「パパ！　これすごくきれいだね。お星様みたいだ」

父親　「そうだね、とてもきれいだね。でもこれをきれいだと感じる○○君の心はもっと素敵だね」

男の子「うん！」

男の子はとても誇《ほこ》らしそうに、その絵本を見続けていました。

私はその会話を聞いていて、大げさでなく心が震えました。

忙しい日常の中で子供の日々の小さな感情をきちんと受け止め、大切にすることはなかなかできることではないからです。おそらくその父親は、ふだんから子供の感性を大事にし、その子の本質のすばらしさを絶妙なタイミングで言葉に出して本人に伝えているのではないでしょうか。こんなふうに育てられた子供は、将来人を妬むことも少なくなるのではないかと思います。

ジェラシー研究家として、妬む人、妬まれる人を日々見ていると、**何かにつけて人と比較して妬んでしまう「妬み体質」の人がいると感じます。**

すべての人がそうだというわけではないのでしょうが、すぐに人を妬んでしまう「妬み体質」の人は、人の評価を気にしすぎたり、何かにつけ人と比べたりする親、嫉妬深い親に育てられた人が多いようです。

特に親から、たとえば「○○ちゃんはできたのにあなたは……」とか、逆に「○○くんはできないのに、あなたはできてすごい！」などと、日常的に比較されてきた方がとても多いように思います。つまり、幼い頃から親の言葉により、「比べる」ことを当たり前のこととして過ごすと、「妬み体質」になりやすいのです。

また、私自身も親になり、まわりの子供たちを見ていると、比較するような言葉をかけられて育った子は、常に自分の立ち位置を感覚でとらえる能力に長《た》けているようです。よくいえば、コミュニケーション能力が高いのでしょうが、「〇〇ちゃんは、あれをもらったのに、自分にはなぜないの？」という発言や考え方をする子が多いように感じます。

逆に、あまり妬みを持たないのはどういう人なのか。私がヒアリングを重ねたところでは、やはり幼少期に親が他人と比べることがなかったという方がとても多いのです。大人は何気なく子供にかける言葉や接し方には注意が必要です。

子供を妬み体質にしないためには、親は以下のことを念頭においてください。

・人と比べて評価しない
・兄弟姉妹で比較しない
・相手と自分のどちらが得しているかで判断しない
・他人からどう見られているかを最優先にしない
・損していると感じさせてしまうシチュエーションをつくらない
・人が見ていないところでも思いやりのある行動をしたら、いつもよりほめる

・あなたはあなたのままが一番素敵だと常に伝える
・あなたを世界で一番愛していると言葉やハグなどの行動で伝える

妬みやすさもクセのようなものかもしれません。自分自身が人と比較して評価するようなことを避け、ゆったりとした気持ちで子供と接することを心がけるのも大切なことだと思います。

妬みやすさは小さい頃につくられる

そして、自分は妬みやすいと感じている方は、もしかしたら幼少期に日常、親から何気なく言われていた言葉や態度が影響しているかもしれません。

そんな親の価値観に縛られて人と比べてしまっていると気づいたら、「一番大切なのは親の価値観ではなく、自分の価値観」と声に出して言ってみてください。

その言葉を自分の耳で聞くことで、親と自分の価値観を分離して考えることができます。自分の価値観を大事にできるようになると、いつのまにか人と比べて妬むことがなくなっていきます。

8

その「言葉」「態度」「環境」が妬みの分岐点

何かで妬まれてしまったとき、妬まれた人の多くは、

「まさか、そんなことで自分が妬まれるとは思ってもみなかった」

とよく口にします。

そして、

「誤解しているのかも。本当は妬まれるようなことじゃないのに」

と言うのです。


妬まれる人は、「自分はそんなつもりで行動したわけでもないし、そんなつもりで言ったのでもないし、そんなふうに受け取られるなんて思ってもみなかった。きちんと説明させてほしい、話せばきっとわかってもらえるはず」と、よく言います。

しかし残念ながら、そうなってしまったときには相手の心のシャッターは下りてし

まっていて、話してもわかってもらえることはあまりないでしょう。取り返しのつかないことになっているケースも少なくありません。

妬まれた本人は、「ただ素《す》の自分で振る舞っていただけなのに、気がついたら妬まれていた」と言いますが、気づいていないだけで、妬まれるようなことをしていることも多いものです。

このような妬まれやすい人には、私はいつも「言葉」「態度」「環境」の三つに気をつけましょうとお伝えしています。

言葉 何気ない言葉で人を傷つけていることがあります。

たとえば、ある人には難しいことを、自分が簡単にできるからといって、「あんなの簡単よね」と言ってしまうと、相手を卑屈な気持ちにさせてしまうことがあります。

態度 話すときの態度にも注意が必要です。

言い方によっては、そのつもりはなくても自慢に聞こえてしまうことがあります。

自分の身にあったよいことやうれしいことを伝えるときは、謙虚な姿勢と態度を心がけましょう。だからといって、下手《したて》にでるのもよくありません。

環境 生まれた環境や、現在の環境などは今すぐ自分自身では変えられないものですが、その環境のせいで妬まれてしまうこともあります。

「親ガチャ」という言葉もありますが、生まれた環境というのも影響が大きいものですし、それ以外にも、頭がいいとか器用だとかいう、もともとの才能もあります。それらは、あなたが自分でどうにかできるものでもありません。

そのため、その環境を妬まれてしまうとお手上げになってしまいます。

また、環境を妬まれてしまうと、それらを外した「あなた自身」を見てもらいづらくなり、何をしても「あの人は環境に恵まれているから」と、頑張りを認めてもらえないことにもなりがちです。

私たちが思う以上に環境の影響は大きいのです。

私はいつも、お互いの人物がわかるまでは、自分の環境はあまり語らず、まず「素の自分」を見てもらうようにしましょうとお伝えしています。そのようなベースがあれば、環境によって妬まれることはありません。

魅力的で誰もがうらやむような人なのに妬まれない人、愛される人をよく観察してみてください。そういう人は「言葉」「態度」「環境」にさりげなく気をつかっているものです。それが自然にできるようになると、妬んだり妬まれたりすることによるトラブルを避けられるだけでなく、人間関係もうまくいきます。

妬まれない人は、さりげない気づかいができる人

9

あなたの思いに寄り添ってくれる人の見つけ方

自分が誰かを妬んでいることに気づいたとき、身近な人に妬まれてどうしていいかわからないとき、あなたはどうしますか？　誰かに相談したいと思ったとき、どのような人を選ぶでしょうか？

そのように質問すると、

・妬んだことがありそうな人
・妬まれたことがありそうな人
・年上で人生経験が豊富な人
・ズバッと解決策を示してくれそうな人

などといった答えが返ってきますが、妬みというのは、そのときに同じように苦しんでいる人でないと共感することは難しいものです。妬んだ経験がある人でも時が過ぎて自分の問題が解決してしまうと、ほとんどの人がほかの人の悩みに対しては「たいしたことではない」と言います。

でも、そんなふうに言われてしまうと、今まさに妬みで苦しんでいる人にとっては何の解決にもならず、むしろさらに傷ついてしまうことも少なくありません。

言葉にするのは難しいのですが、妬みには「旬」のようなものがあり、人に相談するにはタイミングを見計らう必要があると思います。

また、相談者やタイミングを間違えると、「それはただの執着だよ」と言われたり、逆に相談相手に妬まれたりする危険性も出てきます。

なぜなら、妬みというのは、人に伝えるのが難しいものだからです。わかってもらおうとして長々と自分の悩みを相談して面倒くさい人と思われたり、妬みの相談がただの悪口と思われて誤解されたりしやすいのです。

世の中にはいろいろなタイプの人がいますし、また人それぞれいろいろな事情を抱えているものです。

心に余裕がないときは相談してきた人の気持ちに寄り添えず、自分の時間を奪われたと思う人もいます。


妬んでいるときも妬まれているときも、多くの人は「孤独」を感じています。

妬んでいる人はこんな感情は間違っているのではないかと思いつめたり、妬んでいるのを知られるのは恥ずかしいと思ったりして、なかなか人に相談できないものです。

だからこそ、寄り添ってくれる相手がいて、自分の心の内をわかってくれる人がいれば、とても救われるのです。

私の場合は、相談できるかもしれないと思う人がいたら、まず、その人の話を聞いてみます。そして、その人の話の中に自分の悩みとリンクできそうだと思える話が出てきたとき、「実は……」と打ち明けるようにしています。


同じ（似たような）気持ちを抱え、同じように悩んでいて解決策を探し、傷ついて

いる気持ちを自分事《ごと》のように感じてくれる人で、
「そうなの！　私も今同じ気持ち！」
と言ってくれる人がいるだけで、どんなに心強いでしょうか。

そのような共感をしてくれる人が相談者として一番適しているのです。

妬みの相談についてだけいえば、解決策を示してくれるかどうかはあまり重要ではありません。

デリケートな話だからこそ、誰かに相談するならあなたの思いを丁寧に受け止め、あなたに寄り添ってくれる人をしっかりと見きわめることがとても大切です。

相談する人は慎重に選ぼう

Column

男女間の妬みについて

妬みについて語るうえで、忘れてはいけないのが「男女間に起こる妬み」です。男性が女性を妬む場合が多く、男女平等が世界標準になりつつある今も、次の二つのケースは女性からよく聞く悩みです。

◆夫婦間・恋人間の妬み

専業主婦だったAさんは、結婚5年目あたりから自分も働きたいと、起業しました。5年間の専業主婦の経験を生かしたアイデアが受け、もともと営業的な才能もあったため、どんどん事業が大きくなり、気がついたら年収も夫と同じぐらいになっていたそうです。

ご主人もはじめのうちは応援してくれていましたが、Aさんが仕事でどんどん活躍の場を広げていくようになると、「家のことをちゃんとしてほしい」「そこまでして頑張る必要があるの？」などと言うようになり、しまいには、仕事での外出などにも口を出すようになりました。

女性が活躍するとありがちな話ですが、これは「自分の稼ぎと同じになる、または、超えられてしまうかもしれない」という焦り、自分の家庭内での存在価値（自分が食べさせているんだという自負も含む）への危機感、自分だけのAさんだと思っていたのに、自分が知らない世界でAさんが認められはじめたことへの妬みからきています。

◆仕事上の妬み

営業職のB君とCさんは同期です。Cさんは同期の中でただひとりの女性でした。Cさんは能力と持ち前の人当たりのよさで、営業成績がどんどん伸びていきます。

それに引き替え、B君はなかなか成績が伸びません。

そんな中、Cさんの昇進が決まりました。同期の中では最初の昇進です。

B君は「同じ努力をしているのに、なぜ彼女だけが？」という思いを抑えきれず、Cさんのことを「本当に彼女の実力なのか」「ひいきされるようなことをしているに違いない」などと陰で言いふらすようになりました。そして、そのことを人づてに聞いたCさんはショックを受けました。

これは、仕事関係ではよく聞く話です。男女間、それも女性が先に昇進した場合には、とても残念なのですが、「女のくせに」という気持ちの男性がまだまだ多いのでしょう。

3章

この苦しい気持ちをなんとかしたい！

――妬む人、妬まれる人の対処法

1

そのとき自分を責める人、相手を責める人

妬みの感情が生まれても、それをこじらせなければ問題は起こりません。

ですがコントロールできずにこじらせてしまうと、人間関係にまで影響してしまいます。そんなとき、自分の妬みを上手に手放し、お互いの関係に波風を立てないようにするにはどうすればいいのでしょうか。

それには、自分が誰かを妬ましいと思ったときにどういう態度をとる傾向があるかを知っておくことが大切です。

私は、人を妬んだときには次の二つのタイプがあると思っています。

・妬みを抱くと悲しくなるタイプ
・妬みを抱くと怒ってしまうタイプ

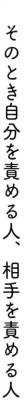

この二つのタイプがあることを知っておくと、自分の心をコントロールしやすくなり、また、相手とちょうどいい距離をとることができるようになります。自分や相手を理解するための参考にしてみてください。

妬みを抱くと悲しくなるタイプの特徴

- 自分のこの感情は妬みだと自覚できている
- 妬んでいる対象を見ると悲しい気持ちになる
- 妬んでいる自分を否定し責める
- 妬んでいることを恥じる
- 妬んでいることを心の奥にしまい込む
- 相手を見たくなくなってしまう
- 妬んでいる相手と距離をとろうとする

対処法

このタイプが妬んでしまったとき

妬んで悲しくなるタイプは、自分を責める傾向があり、また、自分も相手も傷つけたくないという思いが強く、自分の殻に閉じこもってしまいがちです。

そのためコミュニティーや人間関係の中で孤立してしまうことがあります。妬んでいる相手と距離をとること自体は悪いことではありませんが、突然離れてしまうとまわりの人を不安にさせることもあるので少しずつ距離をとりましょう。

このタイプが妬みを持つと、そのネガティブな感情を自分に向けてしまうため、自分を癒《い》やしたり愛したりできなくなることがよくあります。ふだんの生活の中に、自分の心を癒やす何かを取り入れて少し心をラクにすることを考えてみましょう。

たとえば、好きな音楽を聴いたり、植物を育ててみたり、おいしいお菓子を食べたりするなど（4章で紹介するひとり旅や隠れ家を持つのもおすすめ）。

このタイプに妬まれてしまったとき

相手はあなたを傷つけないように距離をとろうとしています。なぜ相手がそんな態度をとるのか気になるし、戸惑うとは思いますが、相手を追わず、いつものあなたでいることを心がけましょう。

そうすると相手も妬みの感情をこじらせることなく、自分の中で感情が整理されたら、以前のおつき合いに戻ってくる可能性もあり、新たないい関係が築けることもあるでしょう。

妬みを抱くと怒ってしまうタイプの特徴

- 相手に暴言を吐く
- 相手に自分の感情をぶつける
- やつあたりをする
- 妬んだ相手を見るとイライラする（妬みが原因と気づいていない場合も）
- 相手の悪口を言う。いじめる

・大勢の前で相手のことを不必要にいじる（二人きりのときにはいじらない）
・「嫌い」だとか「合わない」とか勘違いする

対処法

このタイプが妬んでしまったとき

相手のことを「好き」な感情と「嫌い」な感情が交錯し、妬んでイライラしてしまう自分に戸惑い、怒りが抑えられない時期が続きます。ですがその怒りを表に出してしまうと妬んだ相手だけでなく、まわりの人との関係にまで大きく影響してしまいます。そのようなときは、怒りの感情を何かで発散するようにしましょう（スポーツやカラオケなど身体を使うことが効果的）。

このタイプに妬まれてしまったとき

「なんだか最近、あの人の言葉と態度が怖い気がする。なぜだろう」という疑問がわきます。それによって「嫌われているのかもしれない」と思ってしまうことも。まずは、その人からやつあたりされないように少し距離をとり、相手の様子を見るようにします。

そして、相手が落ち着いてきたら、少しずつ距離を戻していきましょう。

ただし、距離を戻していく際には二人きりにならず、何人かで会うようにするなどの注意が必要です（二人きりだとギクシャクしてしまい、それでいちだんと溝が大きくなってしまう場合があるため）。

また、できれば自分からではなく相手本人から、または、ほかの方からのお誘いを受ける形が望ましいでしょう。

このように、誰かに妬ましさを感じたときの自分や、あなたのことを妬んでくる相手が、どちらのタイプなのか見きわめることで、それぞれの対処法を解決の糸口にしてみましょう。

感情の出し方を知っておくとこじらせずにすむ

2

妬みの感情は恋愛によく似ている

「好き避け」という言葉をご存じでしょうか。

これは若者のあいだで使われている恋愛用語だそうです。

意味は、「本当は好きなのに、好意を持つ相手に対してわざと素っ気ない態度をとったり、距離をおいたりすること」、そして、「たまに嫌っているかのような態度をとってしまうこと」らしいのですが、私はこの「好き避け」が妬みにとても似ていると思いました。

たとえば、人を好きになると以下の感情が生まれます。

・その人のことが気になってしまう
・その人と深く話したい

・その人に誤解されたくない
・その人に認められたい
・その人に頼られたい。自分の話も聞いてほしい
・その人と仲よくなりたいけれど、どうしたらいいのかわからない

実は人を妬んでしまうときにも、ここに挙げたような感情が生まれています。

前項の「妬みを抱くと悲しくなるタイプ」のところでも書きましたが、誰かを妬んでしまうと、そんな自分が嫌になって、その人と距離をとり、避けるようになってしまうのです。

「妬みを感じている相手に自分のことを認めてもらえれば、それで満足」という気持ちが生まれることがありますが、それは、「自分が好意を持っているたったひとりに愛されれば、それで満足」という恋愛の気持ちにとても似ていると思います。

極端な話、その「たったひとり」と気持ちが通じれば、ほかの人はどうでもよく、その人に自分の考えをわかってもらえさえすれば、そのほかのすべての人に誤解されてもかまわない、さらには、その感情が満たされれば、ほかの人間関係をすべて切ってしまってもかまわない！　とまで思いつめてしまうほどの執着が生まれやすいのも、恋愛と妬みの類似点だと思います。

つまり恋愛も妬みも、その人だけに執着してしまい、ほかが見えなくなるような状態に陥ってしまうのです。

私が相談を受けアドバイスしていた方で、妬みを恋愛に転換して解消したケースがあるのでご紹介します。

同じ専門分野を仕事に持つ友達同士のA子さんとBさん。専門分野は同じですが、二人の性格、仕事のやり方や人間関係の構築のしかたなどはまったく違っていました。

あるとき、A子さんがその専門分野で大きく成功します。

Bさんは仲間としてとても喜ぶのですが、そこに妬みの感情が入り込んでしまいました。そんなBさんの気配を察したのか、A子さんもBさんとどう接したらいいのかわからず、腫《は》れものにさわるような接し方になってしまいました。

せっかくの今までの良好な関係が崩れてしまい、二人は一時期ギクシャクしてしまっていたのですが、あるときBさんは次のような気持ちに気がつきました。

・A子さんのことは人間的に好きだ
・A子さんの活躍をなぜ素直に喜べないのか
・A子さんを妬んでしまう自分が嫌だ
・A子さんとのかかわりを断てばすっきりするのか
・A子さんといるのはつらいが関係を断つのは嫌だ

私が相談を受けたときも、自分の気持ちについてこのように話してくれたBさんでしたが、なんとなく歯切れがよくありません。

そこで、私はBさんに、「A子さんを妬んでいるというけれど、今、感じている気持ちは恋愛感情といえるのではないか？」「Bさんは A子さんと恋愛できるのでは？」とアドバイスしてみました。すると、妬んでしまっている自分が嫌で相談にきていたBさんでしたが、話すうちに、A子さんと一緒にいることで幸福だった頃のことを思い出しました。

今は妬みに苦しんでいるけれど、「A子さんとただ一緒にいたかっただけなのだ」と気がついたのです。

その感情に気がついてから、Bさんは A子さんを恋愛対象と認識し、今まで A子さんに対して妬ましさを感じていた話とともに、自分が抱いている感情は恋愛感情かもしれないと、A子さんに告白したのです。

その告白をきっかけに、二人はおつき合いをすることになりました。

Bさんからこの結末の報告を受けたとき、これはこれで、妬みのひとつの終着点だと思いました。

このように恋愛の感情と妬みの感情は似ているところがあり、特に男女間に生まれた妬みの場合、恋愛に移行することもあります。

執着とまではいかなくても、なぜか相手のことが気になってしかたがない妬みには、相手が好きだからこそ生まれる感情なのか、対抗意識から生まれたものなのか、どこから生まれているのかを探ることで、自分でも気づかなかった感情に出会うこともあります。

ネガティブに感じていた感情からも新しい関係が始まることはあるのです。

妬みに隠された本音に気づこう

3

嫉妬されることで喜ぶ人

あなたが妬みを感じている相手はどんな人でしょうか？

もともとはとても好きで仲のよかった人、自分の理想に近い尊敬できる人、自分にないものを持っている憧れの人、いろいろだと思います。

しかし、そんな相手が、実は驚くほどひどい人だったということもあります。よく聞くのは、自分が妬まれているとわかった瞬間からマウントをとってくるタイプの人です。

こんな例がありました。

Bさんは A さんとはもともと友人関係でした。B さんにとって A さんは憧れの存在で、いつも彼女のことを気にしていました。最初は憧れからうらやましいと思っていたBさんですが、そのうちその気持ちが嫉妬に変化してしまいました。
そして、あることがきっかけでBさんがAさんに嫉妬しているということがAさん本人に伝わってしまいました。すると、もともとは対等の友人だったはずなのに、Aさんの態度が豹変したのです。

Bさんに対してマウントをとったり、邪険にしたり、リスペクトはまったくなく、人前でも明らかに失礼な態度で接するようになったのです。

私はBさんからその話を聞いて、どうしてそこまで豹変できるのかと驚きましたが、数々の妬み・妬まれる事例を知るにつれ実感しました。

世の中には「妬まれて喜ぶタイプ」の人間がいるのです。

「妬まれたということは、自分は特別な人間なのだ」と勘違いするタイプです。

Aさんは明らかにそのタイプでした。

そういうタイプの人間を妬んでしまったら悲劇でしかありません。

BさんはAさんに関わったことで心身ともにボロボロになってしまい、一時は夜も眠れなくなり、心療内科のお世話になるほどだったといいます。

確かにBさんはAさんの表の顔しか見ていなかったのかもしれません。表の顔だけを見てうらやみ、妬んでしまったのです。ですが、Aさんのようなタイプは、客観的に見て妬む価値もない人だと思います。

では、そんな人とトラブルになったとき、どのようにして離れるのが正解なのでしょうか？

・攻撃には攻撃で返す
・言われるがままやりすごす

どちらもAさんのようなタイプには伝わらず、余計につけあがらせるだけです。

私は攻撃してくる相手にはすべてのアクションを圧倒的な愛で返すのが最善の策だと思っています。

なぜなら、Aさんのような行動をとる人は自分自身に対する愛が足りていないのです。愛が枯渇しているから、相手を傷つけマウントをとることで自分はすごい人間なのだと満足する。それは自分のことをうらやむ相手、自分に憧れる相手から愛を搾取しようとする行為でもあるのです。

マウントをとってきたり、攻撃してきたりする相手には、誠実に愛情をもって接しましょう。そのような人ほど「ありがとう」で返されると、意外と弱いものです。なぜなら、そういう人は愛が枯渇しているので、自分の愛の少なさ（そういう人のウィークポイントでもある）を刺激され、態度もだんだんと沈静化していきます。

世の中には本当にいろいろな人がいます。自分が憧れている人やうらやましいと思った相手が人間的にすばらしい人とも限りません。

あなたが憧れている相手が危険な人だとわかったら、すぐ離れるのが一番ですが、離れるためのテクニックが必要なので注意しましょう。

愛が枯渇している人を妬むと、とても危険

4 なぜか妬まれやすい人の共通点

今でこそ、ジェラシーが原因で何かトラブルになりそうなことがあってもうまくかわせるようになりましたが、そもそも私の妬み研究は「人に妬まれた」ことから始まりました。

妬まれて攻撃されてしまい、どうしたらこの苦しみから解放されるのかと、解決法が記されている本を探したり、インターネットで検索したりしましたが、私の心を救ってくれるものはありませんでした。

それならば自分で妬まれる苦しみから解放されるためのノウハウを見つけて、自分自身を救いたいと思ったのと同時に、同じ妬みで苦しんでいる人を助けたいと思って研究を始め、もう20年になります。

同じことをしても妬まれる人とそうでない人がいるのはなぜなのか。

なぜ、私は妬まれて暴言を吐かれることが多いのか。

妬まれないためにはどうしたらいいのか。

ひとつ言えるのは、**妬まれて攻撃されやすい人は、「隙がある」**ということです。

・隙があるから、暴言を吐かせてしまう
・隙があるから、もっと言ってもいいのだと思わせてしまう

妬みで暴言を吐く人はたいていがうれしそうな声になります（暴言を吐くことで快感を覚える人はどんどんそれがエスカレートします。その証拠にその後の会話でも高揚した声になるので、「言ってやった」という感情がその瞬間に生まれていることがよくわかります）。

実際、私は昔から、隙がありすぎるとよく言われていました。また、性格なのかひとりっ子のせいなのか、「言い返す」ということがとても苦手でした（あとから「ああ言えばよかった」と後悔することが多い）。

つまり別の言葉でいうと、「なめられやすい性格」なのです。

そのため、妬まれたときに、「何を言っても大丈夫な人」という印象を与えてしまっていたのでしょう。

ところがあるとき、その印象がガラッと変わる経験をしました。

私は声楽家なのでクラシック音楽の曲を歌うのが仕事です。音楽の専門家でない方の前で歌うこともあるのですが、するとみなさんが口をそろえて、

「そんな小さな身体から、どうして、あんなに美しく大きな声が！」

とおっしゃるのです。

そして、それからの私に対する態度が変わりました。つまり、私の場合は、声によって「この人にはかなわない」と思わせることができたのでしょう。

私の声のメソッドは、「共鳴《きょうめい》・呼吸・喉《のど》の筋トレ」の三本柱を軸にしています。

声の三本柱

・「ムー」と声を少し強めに出し、顔の中に自分の声を**共鳴**させる

・**腹式呼吸**で深く呼吸をする

・「リー」と3秒発声するのを3回くり返す**喉の筋トレ**で、ぶれない声を出す

声がぶれると相手に心の動揺が伝わりやすくなりますが、この三つを順番に鍛えていくと、声にとても艶《つや》とハリが出て芯のあるしっかりした声になり、自分の印象を変える方法のひとつになります。

このように、自分をしっかりと見せ、まるで女優になった気持ちで、自分を声でブランディングしていくと、なめられることはなくなります。

私の場合は声で隙を見せないようにできましたが、妬まれて攻撃されないためには、相手に「隙のある人だ」と思わせてはいけません。とはいえ、いつも気を張っているわけにはいかないので、相手の態度がいつもと違うと感じたら何かしら対処するようにしましょう。

ときにはピリ辛な自分を声で演出してみる

5

感情は声でコントロールできる

私は声の専門家でもあるので、声でその人の精神状態などがわかります。

気持ちが高揚したときは声が明るく高くなり、警戒しているときは丹田《たんでん》に力が入って声が低くなり、相手を信頼しているときには、声が横と縦によく響きます。

そのほかにも嘘をつくときや、虚勢を張っているときなど、それぞれに違う声になるものです。

「声はお化粧できない」と常々お伝えしています。

たとえば、「胸が詰まる」という言葉は、心が萎縮してしまい、身体も硬くなってしまう状態を表わしますが、そうなると声もこわばってしまって、自然な状態では出てきません。どちらかというと、声も詰まったようになります。

人を妬んだり、人に妬まれたりして心が固くなると声も自然にいつもよりも硬くなります。私も自身が人を妬んだときに声の硬さを感じたので、以下のような方法で声を変えていきました。

・妬んでしまったときの声は肩甲骨のあたりが硬くなりがち（そこに力が入りがち）なので、とにかく肩甲骨を中心に背中の筋肉をほぐすようにする。

・声が直線的（いわゆるトゲトゲした声）になりやすいので、ふだんより呼吸を深くとり、声に空気を含ませる。

左のような、呼吸を深くとり発声をラクにするための呼吸法もおすすめです。

手を上げながら

ふぅ～と手を下ろしながら

また、私はいつも「声とメンタルは1対1」とお弟子さんにお伝えしています。妬んでしまって苦しいとき、そんな自分が嫌になったとき、自分の声をほぐして整えていくことで、メンタルを整えることもできるのです。

誰でも、人のことを妬みたくはないですし、ましてや妬みから人を攻撃したい人はいないと思います。

妬みから人を攻撃する人は、ただのやつあたりだと思われたり迷惑な人と思われたりしがちです。

ですが、本人にとっては、ただ自分がすっきりしたいために攻撃しているのではなく、攻撃しなければならないほど追いつめられ、葛藤し、傷ついているのです。つまり、妬む人も、妬まれる人と同じように苦しい思いを抱えているのです。

そうならないためにも、まずは、「妬まない」のが一番ですが、そう簡単にいくなら誰も悩みません。妬んでしまったら、その感情にしっかりと向き合い、受け入れてください。

人間関係を壊してしまう前に、自分の中で感情を整理して成長の糧《かて》にできたらこれほどすばらしいことはありません。

ですが、わかっていてもそうするのは難しいもの。

そんなときは、ぜひ声を意識してみてください。

最初はうまくいかないかもしれませんが、声を出すだけでも心が少し軽くなることに気がつくはずです。

心を変えたいなら声を変えてみよう

6

「執着」を手放す一番手っ取り早い方法

「逃げるのはよくないこと」

そんなふうに、どこかで思っていないでしょうか。

確かに、目の前の問題から逃げないとか、苦しくても最後まで諦めないとかいうことが大切なときはあります。スポーツや勉強などは、そうかもしれません。

ですが「妬み」に関していえば、それはあてはまりません。

誰かを妬んで苦しい思いをしているなら**「逃げる」という選択肢がある**ことを知ってほしいと思います。

なぜなら、逃げることによって自分も妬んで傷つかなくてすみますし、相手も傷つけなくてすむので、実はそれが一番平和的な解決法だからです。こじらせてしまうと逃げられなくなるので、逃げる選択ができるときはまだ余裕があるといえます。

「逃げる」とは相手から離れるということです。妬んでしまうと、いつのまにか相手に対する「執着」が生まれています。相手に執着してがんじがらめになってしまうのです。

そのような状態から逃《のが》れ、自分のことを客観的に見るためにも、まず相手を見るのをやめ、関わらないようにしましょう。**物理的に離れることで「執着を手放す」こと**ができるのです。

相手との距離を保つことで、あなたも相手に対する「本来の気持ち」を取り戻しやすくなり、いい関係に戻ることができます。

「逃げる」のは悪いことじゃない

7

離れてもいい、近づくのもいい

妬んでしまったときは「逃げる」ことを考えましょうと、前項でお伝えしましたが、仕事やコミュニティーや環境によっては距離をおけない場合もあります。

距離をおくことで、

・仕事上での関係が壊れる
・コミュニティーでの居心地の悪さを感じたり、居場所がなくなったりする

などの問題が出てくることもあるでしょう。

このようなときには、次の二つの対処法がありますので、どちらかを考えてみてください。

① 相手に知られないように距離をとる

その人を見るから、その人のことを考える。考えるから妬ましさが消えない。

この連鎖を断ち切るには、まるで見ず知らずの人であるかのように、まずその人の存在を自分の中で薄くする必要があります。

SNSを利用しているなら、その扱い方を変えるという方法もあります。

たとえばFacebookの場合、フォローしている人の投稿は必然的に目にすることになります。ですから、その人のフォローを外す、または制限する（相手にわからないように）。その人がタイムラインに出てこないように設定する。その人の投稿が流れてきても、スルーする（内容を読まない、いいねも押さない）。見るとしても、自分のタイムラインのみ（なるべく開かない）などの方法があります。

その人の登場頻度が低くなれば、その人のことを考える頻度も減ります。ポイントは「頻度を減らす」ということです。

これは、ザイオンス効果（単純接触効果）という、会えば会うほどその人のことを認知する、そして印象深くなり、好きになるという心理効果を逆手にとり、なるべく会わないようにして印象を薄くし、自分の中でも存在感を消す方法です。

私もかつて人間関係で少しつらい時期があったときに、たまたま一週間海外に旅行をすることになったのですが、SNSを一切見ないで過ごしたことでずいぶんと心がラクになる経験をしました。

ふだん自分がどっぷりはまっている世界から離れたおかげで、自分を客観的に見ることができ、その相手になぜそこまでこだわっていたのかとさえ思えたのです。

②全力でその人を応援する

この方法は、中途半端にやると自分を苦しめることになるので、まず、何があっても全力でやるという覚悟が必要です。

その人を妬ましいと思うことも含めて、その人のファンになって全力で推《お》し活《かつ》をするつもりで応援する。その人の一番の支援者になるぐらいの覚悟で、表立って応援する方法です。

この「表立って」というのがとても大切で、応援している自分を見ることで、自分自身の方向性を確認し、客観的に自分を見ることにより、もっと相手を応援していこうという気持ちにもなれるからです。

この方法は、妬みに傾いた気持ちを、力業《ちからわざ》で「好き」に戻していく作業になります。大好きなアイドルを追いかけるくらいの気持ちで行動しましょう。

距離をとれないなら全力で推し活をしよう

このように全力で推し活をしていると、相手から好かれるようになります。

自分を応援してくれる人は誰だってありがたいですし、大切にしようと思うものです。全力で推し活をしているうちに、その人とのあいだに信頼も生まれます。するとその人が困ったときには、あなたに相談してくるようになるかもしれません。

全力で応援することで、その人の一番の理解者、一番の相談者になれる可能性があるのです。

8

妬む苦しさから抜け出す手がかり

昔、ある人に妬ましさを感じて結構こじらせてしまったことがあります。誰にも相談できず、また相手にも伝えられず、その感情を持て余してつらい時期を過ごしていたある日、こんな夢を見ました。

夢の中では、私が妬んでいる人と二人で食事をしています。食事をしながら彼女に何か言われて（内容は忘れてしまいましたが、たぶん何か図星をさされるようなことを言われたのだと思います）、私は言葉に詰まり、不意に涙がポロポロと出てしまいました。

私は涙が出たことを悟られまいと、すぐに「ちょっと化粧室に」と言って席を立ち、トイレの洗面所で涙を拭き、深呼吸して心を整えて、何食わぬ顔で席に戻ろうとしたら、なんと、その人がトイレの前で待ち構えていました。

「どうしたの！」

と、その人は驚いた様子でひと言。

そのひと言で、私は心の何かが崩壊してしまい、涙を堪《こら》えることができず、そして、もう隠しておけないと思い（トイレの通路は行き止まりで、もう逃げられないという思いもありました）、妬んでいることや、あなたのことは大好きだけど、でも大嫌いなのだと、すべてを話しました。

大人とは思えないほどの号泣でした。

私の支離滅裂な告白に、その人はただ、「うんうん」と聞いていてくれただけなのですが、話し終わったあと、お互いハグをして、そのまま、また私はワンワンと泣いていました。すると、その人がひと言。

「すごくよくわかった。でも、これからも仲よくしよう。私もあなたのことがとても好きだから。ね！」

私も泣きながら「うんうん」とうなずきました。

その後は席に戻って、いろいろなことを話しました。

話の内容は妬んだときの話ではなくて今までの人生のことでした。

幼い頃のことや、若い頃の恋愛の話、仕事の話など、とにかく自分の今までの人生であったことを話したり相手の今までの人生の話を聞いて共有したりしました。

そして、最後はお互い笑っていました。


そこで、目が覚めました。

しばらくベッドの上でボーッとしていましたが、何というか、とてもすっきりして、幸せな気持ちでいっぱいになっていました。

すると不思議なことに、その人への妬みが、今までの苦しさは何だったのだろうと思うほど、きれいさっぱり消えていたのです。

そして私の妬みの根底にあったのは、

ただ、その人のことを知りたいだけ。

ただ、私のことを知ってもらいたいだけ。

とても、とても、深く。

たったこれだけのことだったのだと気づいたのです。

それが夢の中で解消されたことで妬みは消え去ったのです。

とはいえ、妬みを解消するために夢を見ようと思っても、見られるものではありません。

ここでお伝えしたいのは、**あなたの妬みの理由（自分の本当の願望）も、実はとてもシンプルなものかもしれない**ということです。そこに気がつくことができれば、それが妬む苦しさから抜け出す手がかりになるかもしれません。

あなたの本当の願望は何？

9

たったひとりのために「足下の宝石」を見失っていませんか

誰かを妬んでしまうと、その人のことばかり考えてしまいます。

あの人だったらどう考えるだろう？
あの人だったらどう行動するだろう？
あの人ならこんなことはしないかな？
私も人を妬んでしまったとき、そのような状態になりました。

比べてもしかたがないことはわかっていても、比べて相違点を探してしまう。
その人の嫌な面も見ていて、「こういうタイプは苦手だ」と自分の中で半ば軽蔑に近い感情もわいているのに、それでも、知り合った頃の「この人好きだな」という気持ちを思い出してしまって、最終的に「やっぱり好きだな」に行き着いてしまう。

一方で、そんなあの人を好きな自分も否定したくなる。

SNSも、その人がいいねを押してくれたら、なんだかホッとして、その日一日、いい気分で過ごせたり、逆に見てくれなかったらガッカリしたり。そんなことが続いて、こんなに振り回されるなら、SNSも全部リセットしたい衝動に駆られたことも何度もありました。その人のことを考えてイライラしたり、つまらないことに一喜一憂したりしている自分が嫌でした。

しまいには「苦しい。あの人に出会わなければよかった。そうしたらこんなに悩まなくてもすんだのに」と、出会ったことさえ呪いました。

そして、そんな感情にも嫌気がさしてきたとき、ふと思ったのです。

もし、あの人が最初から存在しなかったとしたら、今、私はどんな人生を送っていてどんな感情で生きていたのだろうか、と。

そんなときにたまたま、昔からよく知っている同級生や友達、仕事仲間の音楽家たちに続けて会う機会がありました。どの人も、長ければ40年ぐらい、短くても20年ぐらいつき合いのある古い友人たちです。
その人たちに会っている時間は心穏やかに過ごせて、思いやりの連鎖も当たり前のように起こり、とても心地よい時間でした。

友人たちのあたたかい感情に触れたときに、妬んだ人のことだけしか見えなくなっていた自分は、この当たり前のようにあたたかく思いやりがある人たちのことを考えていただろうか。むしろ、その人たちの感情を無視していたのではないかとさえ思いました。
そして、私が心を向けるべき人は、妬んでいるあの人ではなく、私のことを大切に扱ってくれ、いつも気にかけてくれている人なのではないか、と気づいてハッとしたのを鮮明に覚えています。

SNSにしても、妬んでいる相手以外の人にたくさんのいいねをもらい、あたたかいコメントもいただいていました。それなのに、妬んでいるたったひとりのいいねを気にして一喜一憂している自分は、なんと愚かなのだろうと思ったのです。

それは、砂漠の中で遠くを見て宝石を探していたけれど、足下を見たら、無数の輝ける宝石があったような、驚きと気づきの出来事でした。

その人に執着しなくても、すでに満たされていることに気づき、愛と感謝とが生まれました。

あなたが本当に大切にすべき人は誰？

妬みにとらわれていると、とても苦しく、まわりや足下を見ることができません。

ですがどうか、自分のすぐ近くを見てみてください。

必ずあなたのことを大切に思い愛してくれている、家族、友人、隣人、もしくはペットでもかまいません、誰かひとりは必ずいるはずです。

そのことを思い出し、自分は愛されているのだと自覚すると、自分の中から愛が泉のようにわき出す感覚になり、妬んでいる相手への執着を手放すことができるのです。

Column

妬まないことにも落とし穴がある

人間はひとりで生きているわけではありませんから、どうしても自分と人を比べる機会はありますし、比べることによって妬んだり、妬まれたりすることは避けられません。

ところが、たまに本当に妬みを持たないのか、あるいは妬んだことがあっても本人が気づいていないだけなのか、「今まで人を妬んだことがない」という人にも出会うことがあります。

人を妬むと、何かにつけその人と自分とを比較し、常にその人のことを考え、その人の行動に一喜一憂するのでかなりのエネルギーをとられます。

つまり、相当の気持ちがないと妬みの域には到達できません。

それだけ妬みというのはものすごいエネルギーを使うので、逆にいうと、あまり妬んだことがないというのは、そこまでのエネルギーがないことになります。

たとえば、私は小さい頃から欲のない性格でした。

ものすごく欲しいものも特にありませんでしたし、親に「このお菓子を買って」と言ったときに、「ダメよ」と言われれば、「そうなんだね」とすんなり諦めていました。「絶対買ってほしい！」とねだったり、「なんとか買ってもらえないだろうか」と考えたりはせず、買ってもらえなかったことをすぐに忘れてしまうような性格だったのです。いわゆる執着の少ない子供でした。

聞きわけのいい子といえば聞こえはいいですが、執着が少ないことは必ずしもよいことではありません。

執着という言葉も欲という言葉と同じように、悪い意味でとらえられがちですが、いい執着というのもあります。たとえば、「どうしてもあれが欲しいから、なんとかお小遣いを貯めて買おう」とか、「運動会で何がなんでも一位になりたいから練習を頑張る」といった前向きな努力につながる執着です。

そういう意味で、私はいい執着もなかったので、何に対してもそこまで努力ができない子供だったのです。

妬まない、欲がない、人と比較しない、というのは一見いいことのようですが、何かを成し遂げるときには、妬むことも欲を持つことも、比べることも必要です。

成長するにつれ私も人並みに妬む経験もしてきましたが、以前の自分よりもはるかに努力できましたし、自分が何かを手に入れるためにはこんなに頑張れる人間だったのだと気づいたときは、正直驚きました。

妬むことがなかったら、決してこれだけの力は出なかっただろうと思うと、今では妬んだ相手との出会いを必然だったと感じますし、感謝もしているぐらいです。

妬みは、多かれ少なかれ人間には必ずある感情です。だからこそ、その感情に蓋をするのではなく、素直に受け止め、しっかりと整理することが大切です。

4章

自分のすばらしさに気づいていますか？

――妬みと無縁になる心の整え方

1 目が見えなかった2年間が教えてくれたこと

高校時代の2年間、私は目が見えない生活をしていました。

というと、驚かれる方も多いので補足しておくと、目が見えない生活といっても、完全に見えていなかったわけではありません。

目の病気で眼球がくもりガラスのような状態になり、そのくもりガラス越しにものを見ているような時期があったのです。

目を開けているのがつらいので、寝ること（夢の中では目が見えているので楽しい）と、目を閉じて空想すること（空想して、いろいろな世界を飛び回りました）くらいしかできません。

当然ながら文字などは読めず、景色や人や色などがなんとなくわかる程度でした。

症状がひどいときになると痛みが増し、明るい場所では目を開けていることができず、目を閉じて過ごすことを余儀なくされました。その場合は文字通り、暗闇の生活です。ひたすら聴覚情報に頼る日々でした。

その時期、私が人と同じようにできたのは、
・音を感じること
・食べものの味を感じること
・手のひらで何かを感じること
・花や風の香りを感じること
くらいだったのを覚えています。

高校生という多感な時期に、俗世を離れて修行する仙人のように、自分は何者なのか、ということを自問自答しながら、ひたすら自分の内面に向き合う日々でした。

人と比べてしまうことで妬みが生まれるとお伝えしましたが、その「比べる」こと

が、目が見えないためにできなくなりました。

つまり、目が見えないことで、私は、強制的に「自分を人と比べられない状態」になったのです。

つけ加えると、入院していた時期もあったので、日常生活と切り離されて、生活さえも人と比べられない状況になっていました。

しかし、この経験をしたことによって、

・自分の感情や感覚を大切にする（一日じゅう目が痛いので、まずは自分がご機嫌でいられるにはどうしたらいいのかが最優先でした）
・自分を雑に扱わない（雑に扱うとすぐにそれが体調に表われました）
・みなと同じようにできないとき、自分の気持ちを納得させる方法（できない中で、自分の幸せを見つける方法を探しました）
・今できることの中で自分の強みを生かす（目が見えなくても歌うことはでき、それがきっかけでのちに音楽家・声楽家・声の専門家になりました）

・とても大切で常に自分のそばに置いておきたいものだけを選ぶ（多くを望めないからこそ、大切なものは何かを考え、それ以外のものは断捨離していきました）

といったことを体得できました。

ジェラスフリーという言葉を私はよく使っています。

ジェラス（妬み・嫉妬）フリー（自由）。文字通り、妬みから自由になる、つまり妬みも妬まれもしない世界という意味です。

妬みというものから解放されるには、妬んでいるという感情も含めて自分と真正面からとことん向き合うこと。

そして自分の内面をよく見て、その自分を俯瞰するクセをつけ、他人軸ではなく自分軸で何が幸せなのかを追求していく。

すると、

・妬むこと（他人を意識しすぎてしまうこと）
・妬まれること（相手の感情に振り回されること）
が、いかに自分の真の幸せに結びついていないかが、よくわかると思います。

人はどうしても誰かと比べてしまうもの。
ですが、しっかりと自分軸を意識すると、それだけで今よりずっとラクに生きていくことができるのです。

自分ができることに目を向けよう

2

妬まないメンタルに必要な10のこと

妬むということは、少なからず私たちの心を疲れさせます。

ポジティブにとらえれば前向きなエネルギーになるとはいえ、できればそのような感情とは無縁でいたいものですよね。

前の章で「妬み体質」について書きましたが、そのような心のクセも、意識してあまり妬みを持たない人の心の整え方や考え方を知ることで、変えていくことができます。

私はジェラスフリーで生きている人には日常の生活習慣に共通点があると思っています。それによってとてもしなやかな心で前向きに楽しく生きています。ここでその共通点を紹介しましょう。

1 気分転換が上手

人間、生きていれば、嫌なことや妬みそうになること、ショックを受ける出来事は必ずあります。しかし、それをどうとらえるのか、どう受け流していくかで、状況は変わります。妬まない人は気分転換がとても上手で、また、自分に合った気分転換の方法を知っています。自分をよく知り、受け流す能力の高い人ほど、ジェラスフリーに生きています。

2 食と睡眠を大切にしている

健康はメンタルに大きく影響しています。心を強く前向きに保つためには、日頃から食と睡眠で身体を整えることがとても大事です。

私のまわりの妬まない人は、

・食事（食で身体をリセットする。食材や農法にこだわったものをとる）
・睡眠（睡眠時間をしっかり確保する）

どちらにも重点を置いて生活しています。

3 傾聴力《けいちょうりょく》がある（共感力がある）

妬まない人が共通して備えているものに傾聴力（共感力）があります。人の話をよく聞いて、共感できる懐《ふところ》の深さ、必要以上に自己主張しなくても他人から認めてもらえているという、心の安定性が表われているのではないかと推察します。

4 まあいいか精神(切り替えが上手)を持っている

自分にとって大切なこととそうでないことを、しっかりと分け、大切なこと以外は、まあいいかと思える、いい意味での「軽さ」がある人。

そのような人は、めったなことで人に噛みついたりしないので、人とのトラブルもとても少ないのです。

逆に、妬む人というのは、ことあるごとに噛みつき、ちょっとでも違うと思ったら、自分の意見を主張せずにはいられないところがあります。それが悪いとはいいませんが、ジェラスフリーで生きたいなら、人が自分とは違う考え方をしても「そういう考え方もあるね」と受け流しましょう。

5 ハッピーを見つけるのがうまい

妬まない人は日常の小さなハッピーを見つけるのが上手です。

幸せ感度が高いといいますか、日常の小さなことでも、心から「素敵」と思える人です。たとえば、道に咲いている雑草を見てかわいいと思えたり、木の葉についている朝露に心から「美しい」と感動できたりする人です。

6 心の安全地帯を持っている

あなたには、自分が何かでつらくなったときに「聞いてよー、すごくつらかったのー」と言ったら、「よしよし、それはつらかったね」と聞いてくれる（否定しないでただ寄り添い、受け止めてくれる）人がいますか？　妬まない人は、つらくなったときいつでも逃げ込める場所（人）を持っています。

大人になっても、ときには人に甘えることも大切です。

7 打ち込める何かがある

妬まない人は、自分が打ち込める何かを持っています。オタク気質ともいえるかもしれません。

自分のオタク活動（ときにそれが仕事になっている方も）に忙しく、ワクワクする毎日を送っているので、人のことを気にしている暇《ひま》がないのです。

8 言葉遣いが美しい

言葉遣いの美しい人は、妬まない傾向にあります。

ふだんから汚い言葉を使わない人、暴言を吐かない人、悪口を言わない人は、言葉に力があることを知っている人です。そういう人はジェラスフリーに生きています。

9 持ち物に自分だけのこだわりがある

ジェラスフリーの人は、身につけるものに自分がご機嫌でいられるストーリーを持っています。持ち物でも、人が持っているからという理由で選んだりしません。

たとえば鞄だけは、イタリアのあるメーカーに心底惚れ込んでいて、それを愛用している、親友にもらった手帳を愛用しているなど、自分だけのこだわりがあります。

10 声がやわらかい

声には感情が表われるとお伝えしましたが、声には、その人の人となりが本当によく出ます。妬んでいる人の声、妬むことがあまりない人の声というのはよくわかるのです。

妬むと声が硬くなり、喉の奥が「うっ！」と詰まったような話し方になります。

一方、ふだんからあまり妬まない人は、その詰まりがありません（その人が自分に話している声と、ほかの人に話しているときの声をよく聞いて比較してみるとわかりやすいです）。

いかがでしょうか。ここまで妬まない人の共通点を書いてきましたが、ひと言でいえば、**自分のワクワクで忙しい人**といえるかもしれません。

たとえば小さな喜びや幸福感など、日常で見逃しがちなことを、ひとつひとつ大切にしていると、人の評価などといった余計なことに振り回されることがなくなり、妬まないメンタルができていくのではないでしょうか。

自分のワクワクで忙しい人になろう

3

勝手な思い込みで相手を見ていませんか

人は見た目が9割という言葉があるように、外見や肩書きなどから受ける印象は大きいものです。ですがたとえば、

・クセのあるトゲトゲした性格だと思った人が実はとてもあたたかい人だった
・みなに好かれていて人気のあるように見えた人が、実は性格が最悪だった
・だらしない感じの人が、実はある専門分野の第一人者だった

など、勝手なイメージを先行させて、あとからガッカリすることや、とてもすばらしい人で驚いたりすることは誰でもあると思います。

人は自分の勝手なイメージで相手を判断し、「その人像」をつくり上げてしまいます。そして、それが妬むことや妬まれることに発展するのです。

たとえば、あなたは、次の女性を見てどんなイメージを持つでしょうか？

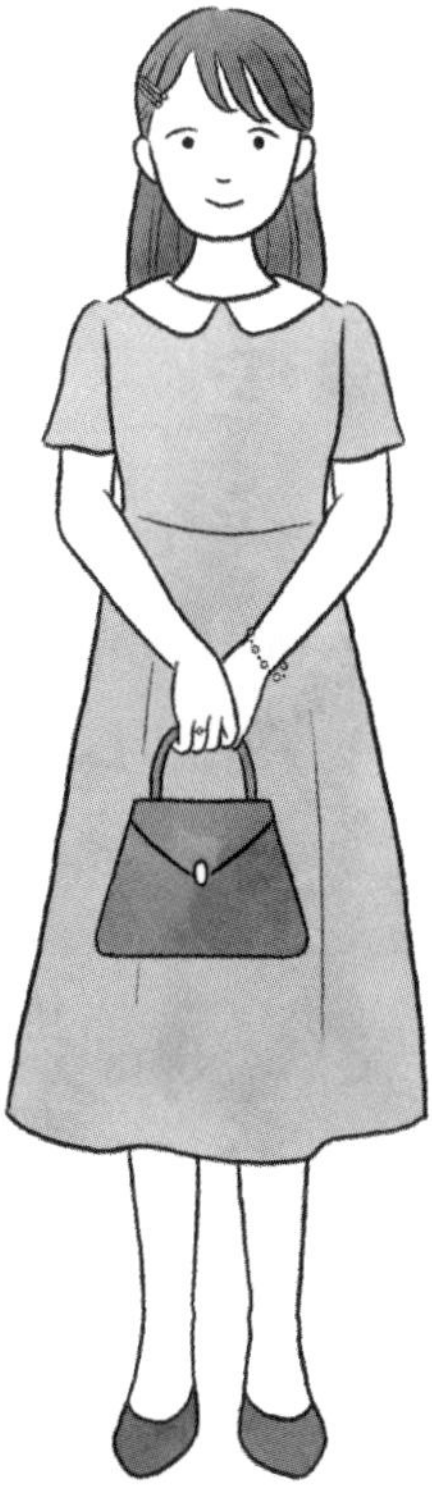

・海外生まれの帰国子女

・小中高女子校育ち

・音大、大学院卒

・乗馬が趣味

・ひとりっ子

・クラシック音楽家

・声楽家、作家

・子供にお受験をさせている

・医者の妻

・ヘアアイロンで髪は
ピシッとストレートに

・かっちりとした革の鞄

・黒の革のパンプス

・アクセサリーも
きちんとつける

・服は紺色の
ワンピース（襟つき）

・自然や花が大好き

・一番の幸せは
お昼寝と読書、歌うこと

・身体が弱い

・アクセサリーは
基本つけたくない

・人見知り

・友達から魚のマンボウ
みたいといわれる

・植物や動物を
育てるのが好き

・ブランド物より
欲しいものを
自分でつくるのが好き

・ねこっ毛、
ふわふわの髪は
そのままに

・ブローチやかごバック
などは自作

・気がつくと歌っている

・やさしい色や
柔らかい素材の
服が好き

145ページのイラストの女性からは、

・真面目そう、堅そう
・お嬢様
・家庭的

というふうにイメージするかもしれません。

では、146ページのイラストはどうでしょう。

・ゆったりとした性格
・自由に生きていそう

のような印象を受けるでしょう。

先のページの二人の女性は違う人物に見えますが、実は同一人物です。違う人に見えるのは、服装やその横に書いた肩書きや説明のせいではないでしょうか。

私たちは自分の勝手なイメージで相手を見て、嫉妬したり妬んでしまったりすることがよくあります。ですから、見た目や肩書きに惑わされず、その人の本質を見きわめることがとても大事になってきます。

相手を見るときには以下のことを意識してみてください。

- 失敗したときにどのような態度を見せるか
- 何かトラブルがあったときに保身に走らないか
- 自分で自分の言動に責任を持てるか
- 何かあったときに、自分自身でけじめをつけることができるか
- 丁寧に生きているか
- まわりの人を大切にしているか
- 相手の目を見て話せるか
- 自分に余裕がないとき、人にやつあたりをしないか
- 自分より弱い立場の人に横柄な態度をとらないか
- 自分の意見は絶対正しいと固執していないか
- 人や物事の本質を見きわめる目を持っているか

・自分だけの利益、損得で生きていないか
・何かあったときに「ごめんなさい」ときちんと言えるか

その人と本当の意味で知り合うには、肩書きは紙切れぐらいに思い、その人の中身をよく見てください。

そして、ここに挙げたような視点でじっくりと観察すると、その人の本質が見えてきます。そうして、表（見た目や肩書き）からは見えなかった裏（本当のその人の性格）がわかれば、人を妬むことなく、そして妬まれることもなく、ジェラスフリーで人間関係を築けるのではないでしょうか。

相手を勝手なイメージで見るのはやめよう

4

自分だけの隠れ家（心の安全地帯）を持とう

私にはずっと大切にしている隠れ家があります。

今から20年ほど前、その頃の私は人間関係でしょっちゅう傷ついていました。そんな毎日に疲れていた私は、誰も私のことを知らないところに行きたい！　とにかくすべてのしがらみから逃れたい！　と思っていました。

そんなある日、たまたま通りかかって入ったお店が、とても居心地がよく、通ううちにそのお店を経営しているご夫婦とすっかり仲よくなりました。

ご夫婦との会話が楽しくて、ついつい長居をしてしまうのですが、私についてどこに住んでいるのかも、家族構成や職業についても聞いてきません。

そんな何の情報もない状態で、よく会話が成立していたなと不思議に思うのですが、ご夫婦のあたたかい人柄がとても心地よく、今もそこでは日常の人間関係のしがらみから解放されて存在できる、とてもありがたい場所です。

お店の常連さんとも仲よくなりましたが、誰ひとりとして詮索してきません。もしかしたら、そのご夫婦が「詮索しないであげてね」と伝えていたのかもしれません。おかげで、そのお店は約20年も私の隠れ家として大切な場所になっています。

嫌なことがあっても、悩みがあっても、そのお店に行けばそれらと切り離される「心の安全地帯」のような場所です。と同時に、自分にささやかなうれしいことがあったときは、そのお店でひとり心の中でお祝いをしたり、決意が必要な人生の節目にも、そこで気持ちを切り替え、決意を新たにしたりしています。

とても素敵なお店なので、多くの人に知ってほしいとも思うのですが、そのお店のことは誰にも教えていません。

少し勝手な話ですが、「私だけの場所」ぐらいに思っていて、誰にも教えたくないのです。そこは私の心の安全地帯なので、「隠れ家」と呼んでいるのです。

ほとんどの方が、自宅と学校、あるいは自宅と職場など、二つくらいの場所で生活していることと思います。ほかにもお稽古ごとや趣味のコミュニティーなど、それぞれの場所で「自分」という役割で生きていることでしょう。

もちろんそれでも十分なのですが、可能ならそれらとまったく無縁の「隠れ家」を持ってみてほしいと思います。

その隠れ家で、まっさらな自分はどういう自分なのか、そんな自分に対して人はどう接してくれるのか、本当の自分はどんなことでうれしくなるのか、といったことを振り返ってみると、不思議と安心できます。

隠れ家はいつもと違う人間関係が築ける場所ならどこでもいいですが、以下のような場所であればなおよいでしょう。

・自宅からあまり遠くない（移動が大変だと足が遠のくため）
・ふだんの自分のことを知っている人がいない
・経歴など詮索されない
・長居しても気まずくない

・自分の好物を提供してもらえるところならさらによし
・自分が自然な笑顔になれる
・そこにいる人の声が心地よいと感じる
・あたたかい人たちがいる
・自分もあたたかい気持ちでそこの人たちと接することができる

人はみなそれぞれが過ごす場所によって、いろいろな役割を生きなくてはなりません。ときにはその役割に苦しむこともあるでしょう。

そんなとき、その役割とは違う自分になれる隠れ家があるだけで、心がラクになります。

定期的に訪れれば、心にゆとりも生まれ、妬んだり妬まれたりすることがあっても、そこで気持ちを切り替えることができ、明日から頑張ろうと思えることでしょう。

しがらみのないひとときがあるだけで心に余裕が生まれる

5 ひとり旅で自分をリセットしよう

人間関係で悩んでいるときは、相手の態度や目の前の問題にとらわれすぎてしまっていて、気がつかないうちに視野がとても狭くなっているものです。ふつうなら気にならないようなことにもイライラしたり、もやもやしたりしてしまいがちです。

そんな状態のときに視野を広く持ちましょうといわれてもなかなかそうはいかないでしょう。そこでおすすめしたいのが「ひとり旅」です。

私自身は15歳（中学3年生）のとき、小説の影響で寝台列車に乗ってみたいと思ったのがきっかけで、はじめてひとり旅をしました。

もちろん未成年ですので、完全なひとり旅というわけではなく、行き先の九州で、母親の友人が嫁いだお宅にホームステイさせてもらいました。

そのお宅は社会福祉法人の障がい者自立支援施設を経営されていたため、施設の入園者と一緒に過ごす体験もさせてもらいました。今まで経験のないことばかりで、いろいろな気づきがありました。

そのとき実感した、自分の新しい感情と経験を得る喜びから、私はひとり旅が好きになり、今まで国内外のさまざまな場所にひとりで訪れました。

たとえば、以下のことはひとり旅だからこそできることです。

・自分を見つめ直す時間ができる
・自分はどんなことに心を動かされるのか、些細な心の動きにフォーカスできる
・新しい価値観が生まれる
・自分とは違う考え方や価値観の人に出会える
・肩書きも何もない身軽な自分でいられる
・ひとりだと気ままに自由に動ける
・自分と深く向き合える
・自分の心をリセットできる
・もやもやしたときの心の整理になる

・誰も自分を知らない世界に行ける
・自然などを目、耳、肌から全身で感じて吸収できる（感性が研ぎ澄まされる）
・自分だけの力で（旅を）全うしたという達成感がある

友達や家族が一緒だと、どうしても日常の延長になりがちですが、ひとりだと物理的にも精神的にもふだん自分がいる場所から離れることができます。

先述したように人間関係でいろいろあったりするときや、誰かを妬んだり誰かに妬まれたりしているときは視野が狭くなりがちです。そしていつのまにか「妬みの沼」に飲み込まれてしまい、自分はその世界でしか生きられないと錯覚してしまいます。

そのようなときに旅に出ることで、
・世界は今自分がいる場所だけではない
・自分の世界に壁はなく、いつでも自由に羽ばたける
と、気づくことができるのです。

仕事が忙しかったり、ご家庭があったり、お子さんがいたり、いろいろな事情があって、ひとり旅をするのは難しいという方もいるでしょう。ですが、日帰りでもいいですし、半日でもかまいません。要は「心が解放される状態」をつくり出すことが大切なのです。

一時的な現実逃避と思われるかもしれませんが、**ひとり旅に出ることで、自分は自由なのだと確認し、現状をリセットすることができます。**もやもやとした感情を抱えたまま過ごすくらいなら、思いきって出かけてみてください。

今いる場所だけがあなたのすべてじゃない

6 リフレーミングで感情の整理をする

本書の最初のほうで、人を妬んでしまって苦しくなったときは、その感情に蓋をするのではなく、妬んでいる自分を認め受け入れることが大切だとお伝えしました。

ほかにも自分の中の感情を認め、整理するときに役に立つ「リフレーミング」という方法があります。

リフレーミングとは、コミュニケーション心理学用語で「物事や出来事を別の視点から見てとらえ直す」ことで、フレーム（心理的な枠組み）を変え、発想を転換させるというものです。

リフレーミングによって「考え方の前提を変える」ことで、妬んでいる自分や相手、あるいは妬みそのものも前向きにとらえられるようになります。その結果、心が軽くなり、とてもラクになるのです。

リフレーミングで、ネガティブなことも前向きにとらえることができるようになりますが、ひとつ注意が必要なことがあります。

それは、**リフレーミングはポジティブシンキングとは違う**ということです。

ポジティブシンキングは物事を前向きに考えることですが、リフレーミングは、とらえ方を変えることです。ですから、必ずしもポジティブに考える必要はありません。

【リフレーミング例】

・頑固↓意志が強い
・他人まかせ↓頼るのが上手
・優柔不断↓慎重で思慮深い
・せっかち↓決断が早い
・ルーズ↓視野が広い
・負けず嫌い↓成し遂げようとする意志が強い
・引っ込み思案↓物事を慎重に考える。安心安全な環境で力を発揮する

・怒りっぽい↓感情表現が素直
・頼りない↓控えめでやさしい
・鈍感↓おおらか
・飽きっぽい↓興味の幅が広い
・こだわりが強い↓自分で決断できる
・気が弱い↓言葉選びに慎重
・暗い↓自分の世界を大切にしている
・いばる↓自信がある
・変わっている↓個性的、自己主張がある
など。

妬んでしまったり、妬まれてしまったりしたときも、自分や相手に対するとらえ方を変えてみると、状況がまったく違って見えたり、自分や相手のいい面に気づいたりして、リフレーミングはジェラスフリーになるための有効な手段でもあります。

そのうえで、

・自分が同じ立場だったら？
・自分を他人が見たら？
・5年後の自分は今を見てどう思うだろう？
・違う人ならなんて言うかな？

などと、自分を客観的に見るようにしていくと、日々、人間関係の中で生まれるネガティブな感情にいちいち振り回されることがなくなっていきます。

ものの見方が変わると「現実」も変わる

7

人にやさしく、自分にもやさしく

「人にやさしく、自分に厳しく」という言葉がありますが、妬みやすい人は、**「人にやさしく、自分にもやさしく」**で、いいのではないかと思っています。

妬んでしまっているときというのは、自分のことより他人に気をとられ、自分を追いつめている時期でもあると思います。

あなたはどうでしょうか？　自分に厳しくしすぎていませんか？

たとえば声楽家としての観点から述べると、身体がゆるんでいないといい声は出ません。高音域を出すには、力や身体の緊張が必要だと思われる方が多いのですが、実は逆で、特にオペラの歌声のような高音域は、温泉に入ったときのような身体の脱力感がないと、美しく響かないのです。

それと同じで、いろいろなことがうまくいかなかったり、自分本来の能力を発揮できなかったりするときは、思考がコリ固まってしまっているのです。

そんなときは、次の質問を自分にしてみて思考のコリをとり、まずは心も身体も一度ゆるませましょう。

・頑張らないといけないと思っていないか
・やらねばならないと決めつけていないか
・妬ましいあの人と同じやり方をしないと成功できないと決めつけていないか
・最近、自分にごほうびを用意したか
・心と身体が喜ぶことをしているか

自分が満たされていないと結局は人にも自分にもやさしくできません。自分の思考のコリをとり、心も身体も柔軟になることで、ジェラスフリーに近づくのです。

身体をゆるませて自由なマインドを手に入れよう

8

妬みから解放される「心のドア」の開き方

人は誰かを妬んでしまうと葛藤を抱え、まるで心のドアを開けたり閉めたりするようにさまざまに心が揺れ動きます。

妬むことや妬まれることから解き放たれるためには、その心のドアをオープンにして自由に行き来できるようにならなくてはいけません。

つまり、ジェラスフリーに生きるには、心に「出入り自由なドア」を持っている必要があるのです。

妬む側であっても妬まれる側であっても、抱えている葛藤に向き合うことなく、ジェラスフリーになれる人はめったにいません。それぞれに、心穏やかに生きるにはどうすればいいのかと考え試行錯誤しながら、ジェラスフリーという生き方を手に入れるのです。

ジェラスフリーな生き方に到達するまでには、以下の六つの時期を経ます。

1　心の扉施錠期

2　偽りの自分脱却期

3　自己中心期

4　丁寧期

5　誤解訂正期

6　新ドア作製期

では、この六つの時期をどのように経て、心が変化していくのか見ていきましょう。

1　心の扉施錠期

強く人を妬んでしまったり人から妬まれたりすると、自分の心を守るために、一度心を完全に閉ざしてしまいます。そのため、

・その人に対してこれ以上心を許すのをやめようと思う
・他人とは表面的にのみつき合う
・なるべく知り合いは増やさず自分の人間関係をあえて狭くしていく

つまり、**自分の中に人を立ち入らせたくない、人のことを見たくない**という状態です。

2　偽りの自分脱却期

物理的にも感情的にも人と接したくなくなる時期を経験すると、このままでは自分の人生の行動範囲が狭くなってしまい、そのような生活は長続きしないことを悟ります。

それに気がついたとき、どうすればありのままの自分でいられるのか、どうすれば自分を閉ざさず、自分を偽らずにラクに生きられるのかと考えはじめます。

3　自己中心期

大切なのは「自分がどうしたいかであり、他人との比較や他人の評価ではない」と考えるようになります。「他人」というものを外して自分の人生を考えると、本当に大切なことは以下の二点に絞られ、物事はシンプルだということに気がつきます。

・自分はどういう生き方をしたいのか

・自分はどういうことに幸せを感じるのか
この時期にくると、自分の内面深くにフォーカスしていけるようになります。

4　丁寧期

自己中心的に考えると、自分は何が好きで、何が嫌いで、どんなことを許せて、どんなことが許せないかなどが、今までよりはっきり見えてきます。

シンプルに自分を見つめることができれば、物事をフラットに受け止められるようになり、他人の意見も、ときにはネガティブな意見さえも、自分の成長に必要だと考えられるようになります。

では、どのように考えると自分と他人の考えをバランスよく扱えるのかというと、「丁寧に」という言葉がキーワードになります。

自分の意見も他人の意見も、ひとつひとつを「丁寧に」聞いていく。自分のことも他人のことも「丁寧に」考えてみる。

考えがまとまらない場合は、紙に書いて視覚化してみるのもおすすめです。

たとえば、嫌なことを言われたときも、それを箇条書きにしてどれくらい嫌なのか書いてみると、自分の心が視覚化されます。

5　誤解訂正期

妬む側も妬まれる側も、相手を誤解していることが多いものですが、丁寧期でお互いのことを丁寧に見ていくと、どこで誤解が生まれているのかが見えてきます。

そして、焦らずに待っていると、必ず誤解を解くチャンスはめぐってきます。

そのチャンスを逃さずに、タイミングを見ながら訂正していきます。

誤解が生まれたと思ったら、そのつど訂正しながら人間関係を構築していきます。

6　新ドア作製期

ここまでくると、心のドアは常にオープンにしておかなければならないと思うようになります。なぜならドアの内側が見えないと、その中に恐ろしいものがあると思うからです。

心のドアはいつもオープンに。相手に「見せて」と言われたら、「どうぞ」と、すぐにドアを開けられるようにしておくのです。相手も自由に入ることができ、そして中を確かめたら自由に出て行ける。そんな出入り自由なドアをつくっていきます。

このように六つの時期を経て「いつでも気軽に入れますよ」という出入り自由なドアを持つことができる人が、ジェラスフリーで生きていけるのだと思います。

あなたの「心のドア」はオープンになっていますか？

9 自分のことを声に出してほめる効用

先日、娘と京都に旅行に行ったときにふと気がつきました。

私は昔、修学旅行で京都に来ているはずなのに、何かに触った記憶（お寺の柱など）と、音の記憶（鐘の音など）は残っていますが、観光地の景色などは何も「見た」記憶がありませんでした。

つまり、あのとき、目が見えていなかったんだということがわかったのです。

細かい寺院の装飾、木々や景色の美しさ、美しいものの数々、きっといろいろあったことでしょう。それらが見えていなかったのです。


この章の冒頭でもお伝えしましたが、私は目が見えない時期がありました。

それは、2年間と書きましたが、徐々に悪くなっていったので、前後の期間を合わせると実は何年にも及びます。

修学旅行もその何年かのあいだで行ったのでしょう。

そのことに気づいたとき、あらためて今、目が見えているという当たり前の幸せ、もっというと、生きていることは、それだけで本当は奇跡に近いぐらいすばらしいものなのだと感じました。


ただ生きているだけで、自分は存在する価値があるということを、妬みでまわりが見えなくなると、忘れてしまっていることがあります。

前章で、あなたの足下には、すばらしい宝石（人）が無数にあると書きました。でも、一番忘れてはいけない宝石（人）はあなた自身です。


人を妬んでしまったとき、自分や他人の感情に振り回され、ときには、妬んだ相手から大切に扱われないことで、傷つくことも少なくありません。

また、あなたが相手に妬みの感情を向けたことで、その人から距離をおかれたり、ときにはひどいことを言われたりすることもあるでしょう。

そのたびに、あなたは感情を振り回されるだけでなく、気がつかないうちに自己肯定感も下がり、自分のすばらしさをどんどん見失っていくのです。それが、妬むことの怖さだと感じます。

そうなると、身体も気持ちも重くなり、心おきなく何かにチャレンジしたり、飛躍したりすることができなくなってしまいます。足かせをはめられて飛べない鳥のように、自分が思い通りに飛翔する方法を見失い、また人を妬むというスパイラルに陥るのです。

日々、自分のことをほめているでしょうか？
それも、声に出してほめているでしょうか？

今日、小さいことでも何かできたこと
美しいものを感じた自分の心の喜び
自分のことを大切にできたこと
他人のことも大切にできたこと

丁寧に物事に対処できたこと
家族を大切にできたこと
損得でなく誰かのために動けたこと
環境にやさしいことができたこと

なんでもいいのです。本当に小さいことでもかまいません。ちょっと照れくさいかもしれませんが、それらを声に出してみましょう。それを自分の耳で聞いていると、自己肯定感が徐々に上がり、どんどん妬まないマインドになってきて、自分を好きになり、大切な存在として扱えるようになります。

そうして気がつくと、ジェラスフリーで生きられるようになっているのです。

自分のすばらしさは、本当は自分が一番わかっている

Column

花輪クンはジェラスフリーな生き方のお手本

『ちびまる子ちゃん』（さくらももこ著、集英社）という漫画に出てくる花輪クンというキャラクターをご存じでしょうか？

花輪クンは主人公まる子のクラスメートで、登場する小学校の中で、ひとり飛び抜けて家がお金持ちで、ちょっぴりキザな男の子です。

まる子や同級生たちが、お小遣いの心配をしていたり、家族や友達同士のあいだで妬みや憧れからトラブルになったりする中、花輪クンはそれらには関心を示すことなく、まるで違う世界で過ごしているかのように振る舞います。

彼は、まる子や同級生たちが憧れるものはすべて持っています。

たとえば、

・大きなお屋敷
・無限にあるお金（まる子たちにはそう見える）

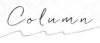

・素敵なご両親
・花輪クンのお世話をしてくれる執事（ヒデじい）
・食べきれないほどの豪華な食事やお菓子

など、花輪クンは生活のすべてが恵まれているので、まる子や同級生たちの小さなけんかや妬みなどの行動を目《ま》のあたりにしても振り回されることなく、「ベイビーたち、落ち着きたまえ」などと言って爽やかに接します。

そして、自身の趣味に励み、自然を愛《め》で、小学生とは思えないほどフラットでバランスのいい精神を持って行動します。

花輪クンはまさにジェラスフリーな精神で生きているといえるでしょう。

ですが、そんな花輪クンもひとつだけ、叶わないことがあります。それは、両親と一緒に暮らすこと。

花輪クンのご両親は海外に住んでいるのでめったに会えません。

そのため、まる子たちが些細なことで家族とけんかをしたり妬み合ったりしていると、少し離れたところから寂しそうな表情で見つめているシーンも描かれています。

そんなときでも、花輪クンはまる子たちを妬むことはなく、その姿には花輪クンの美学さえ感じられます。


ですが、たまにこういうセリフを言うのです。

「寂しくないよ、僕にはヒデじいやみんながいるからね」

「僕の人生はいつもひとり旅さ」

そこにあるのはまる子たちと変わらない等身大の小学生の男の子の姿。両親に会えないのをぐっと我慢している姿には切なさを感じます。


たまにご両親が帰国して会うシーンでは、花輪クンはとてもうれしそうな表情を見せ、花輪クンがいかに日々寂しさや孤独と闘っているかがわかります。

両親に会うということはまる子たちにとっては当たり前のことですが、花輪クンにとっては、とても貴重なひとときであることが漫画にはよく描かれているのです。

そんな花輪クンの名言があるのでご紹介したいと思います。

「ベイビー、どんな状況でも楽しむことが、人生を有意義に過ごすコツさ」

これぞまさにジェラスフリーな人の真骨頂。
他人の感情に振り回されることなく、自分の感情に振り回されることもなく、自分の幸せと人生を楽しんでいます。

5章

さあ、新しい一歩を踏み出そう！

——ここから新しい自分が始まる

1 妬みを受け入れると世界が変わる

あなたは、目の前のリンゴの入った箱にひとつ腐りはじめたリンゴがあったらどうしますか？

「あ、ちょっと傷んできている。この部分切り落とさなきゃ」とか、何らかの対処をすると思います。

間違っても箱の蓋を閉じて、リンゴを見ないようにするなんてことはしませんよね。

なぜなら、傷んだリンゴをそのままにしていたら、どんどん腐ってしまって、箱ごと大変なことになるのを知っているからです。

リンゴについては、このように的確な対処ができます。

では、妬みなどのネガティブな感情に気づいたときはどうでしょうか？

妬みも心の中で腐りはじめたリンゴと同じ状態になっているのに、迅速に対応しようとはしません。そして、ほとんどの人は妬みの感情に違和感を抱きつつも、その感情から目を背けようとします。

しかし、このもやもやチクチクした感情をそのままにしてしまうと、その感情はどんどん大きくなり、リンゴのように腐ってしまいます。

これまでくり返しお伝えしてきたように、妬みの感情を受け入れるのは簡単にはいきません。まずはその漠然とした感情を、次のステップにそってひもといていきましょう。

そして、このもやもやチクチクとした感情が、妬みかそうではないのか見きわめてみてください。

妬みの感情に気づく簡単ステップ

1　人の成功や幸せそうな人を見てうらやましく感じる
2　その人と自分を比べて、自分のほうが劣っているように感じる

3　劣っているのを認めたくなくて気にしないようにする
4　気にしないようにしているのに、どうしても考えてしまう
5　考えると苦しくなり、不安や焦りがつのる
6　この感情は、ただ比べていたのではない、妬みなのだと気づく

　このようなステップを踏んで自分の感情にフォーカスしていき、妬みを自覚します。人それぞれ感じ方は違うとは思いますが、実は「妬んでいること」を受け入れてしまうと、ラクになります。少し、ホッとするという表現が近いかもしれません。

　私が最初に妬みの感情に気がついたときは、ヘレン・ケラーが水を触って、これが水なのだ！　と衝撃を受け、ウオーター（水）と叫んだときのような、「これが妬みか！」という衝撃があり、全身が脱力したような、ホッとしたような気持ちになりました。

　妬みは見ないようにしていると、どんどん大きくなり、こじらせてどうしようもなくなります。そうしないためには、妬みを受け入れてしまうことです。

腐りはじめたリンゴには、すぐに対処できるのですから、同じようにすればいいだけです。

そして、受け入れた妬みをひとつひとつしっかりと見きわめていきましょう。あなたを苦しめるもやもやチクチクの正体がわかれば、肩の力が抜けて、冷静さを取り戻せます。そうすると先述したように、心がラクになります。

その感情を何か別のことに向けられないか考えてみると、新しい自分も発見でき、先に進む覚悟と準備が整います。

妬みは受け入れたほうがラクでいられる

2

なりたい自分になるのを邪魔する「妬みの壁」

人は誰でも妬みたいと思って人を妬むわけではなく、意図せず妬みの渦に巻き込まれているものです。

どうしてそうなるのかというと、まだ自分の生き方に自信が持てていないからなのだと思います。自分の生き方に自信があれば、たとえ失敗したり、うまくいかないことがあったりしても「大丈夫！」「私はこう生きていく！」と力強く言えるものだからです。

あなたが現在誰かを妬んでいるとしたら、何かに向けて一生懸命頑張っている最中でしょう。そうでなければ人の成功や幸せが気になることはないはずです。

逆にいえば、人に妬ましさを覚えるのは、上に行きたい、成功したい、頑張りたい、という向上心の表われともいえます。

そんな向上心が原因で妬みが発生している場合が多いのですが、妬んでしまう人の多くは、自分が思い描く成功や幸せとのあいだに「妬みの壁」のようなものがあって、それによって苦しんでいるように感じます。

「妬みの壁」と書くと少しわかりづらいかもしれませんが、たとえば、

・成功を妄想するだけで行動していない
・現状を変えたいと言いながら、心のどこかで今の生活でもいいと思っている
・目標が曖昧
・いいことが起きないかなと待ちの姿勢でいる
・誰かが助けてくれると思っている
・誰かのコミュニティーにいればなんとかなると思っている
・自分を変えるのは怖いと感じている

など、思いあたることはないでしょうか。実はこれらが「妬みの壁」です。

たまたま誰かに助けてもらえてうまくいくこともあるかもしれませんが、自分からは何も行動を起こしていないので、自信は生まれません。

妬みに振り回されない自信をつけるには、やはりマインドを変えて、これらの「妬みの壁」を越える必要があります。

それには、

・自分の力で道を切り開く気迫
・人の二倍努力する覚悟
・チャンスは必ずものにするという気概
・何があってもやり抜くという胆力
・現状から一歩踏み出す勇気

などが必要になってきます。

妬みは近い存在に対して生じると本書でくり返しお伝えしていますが、逆にいうと、妬んだ人とあなたは実はすごく近いところにいて、**あなたの妬むあの人との差は紙一重**とも考えられるのです。

その紙一重を超えていくためには、何が違うのかを分析したうえで、前述したようにしっかりとしたマインドを持ち、実際に行動していくと、状況はみるみるよくなることでしょう。

そのためには、ちょっとでもいいのです、今までとは違う一歩を踏み出す勇気と覚悟を持ってほしいのです。

そしてその一歩を私は心から応援したいのです。

一歩を踏み出せば、世界が変わる

3

あなたが「本当に欲しいもの」は何？

誰かを妬んでしまうと、頭の中がぐちゃぐちゃになってしまうことがあります。相手のことを好きなのか、嫌いなのか、苦手なのか、怒っているのか、何が原因で妬みが生まれたのかなど、自分の感情の整理がうまくいかなくなるのです。

恋愛と似ていると2章で書きましたが、恋愛のほうが、好きという感情が明確なため、シンプルです。

しかし、先述したように妬みが生まれたときは、チャンスでもあります。

そのぐちゃぐちゃとした感情を丁寧にひもといていくことは、自分の「本当に欲しいもの」が何なのか、自分はどう生きたいのかという自己分析になるからです。

たとえば、

・妬みの対象者は自分の欲しいものを持っている人
・その人の成功している姿は自分のなりたい理想像

など、相手のどこに妬みを感じているかがわかれば、自分の隠れた願望が見えてきます。

ふだんは日常の忙しさに追われてしまい、自分の本当の望みや自分はどこに幸せを感じるかなどを明確にわかっていないことが多いものです。

そのため、誰かに対して妬みを感じたときは、自分が本当に望んでいるものを明確にするチャンスでもあるのです。

自分の本当に欲しいものを自由に書き出してみましょう。

実際に文字にして視覚化することで、自分の本当の願望がわかり、進むべき道が見えてきます。

妬ましさを覚える相手は、自分を成長させてくれる人

4

植物に学ぶ「自分らしさ」の見つけ方

家の花壇にアナベル（紫陽花《あじさい》の一種）を植えました。

アナベルを家に植えるのは昔からの夢でもあったので、芽が出て新しい葉が出てくるのが愛おしく、葉や花がどんどん増えていくのを毎日喜んでいました。

そんなとき、アナベルを選んで植えてくれた植木屋さんに「この枝を切り落としましょう」と言われたのです。

私　「病気でもないのに新しい芽が出てきている枝を切るのですか？　なんだか、かわいそう」

植木屋さん「健康で大きな花を咲かせたいなら株の栄養を生かす必要があります。それには新しく芽が出てきた枝をそのままにしては、軸の栄養が生かせません。かわいそうという感情は捨ててください。思いきりが必要です」

植木屋さんの説明を聞いて、私はそれを妬みの感情のエネルギーの向け方にも通じる考えだと思いました。

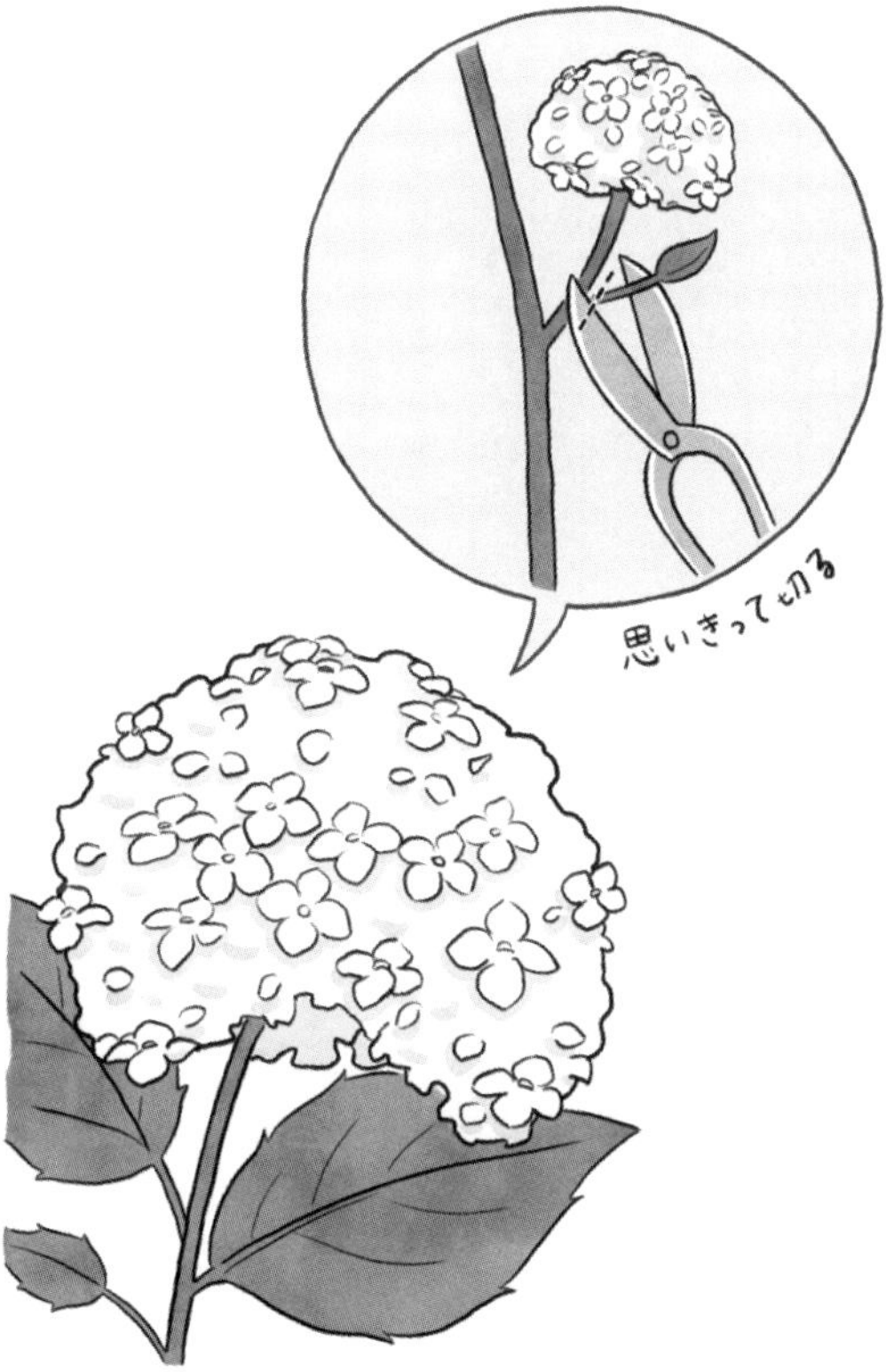

妬んでいる相手に近づこう、同じようになりたいと、同じ場所で同じ方向を見るのは、きれいに咲いている花のすぐ隣の枝で花を咲かせようとするのと同じです。

すでに咲いている花に近い場所にある新芽は、日光も当たらず、しかも一本の枝（軸）から送られる栄養の量は同じなので、養分を分け合うことになり、花を大きく咲かせることができません。

そこで新芽の出ている枝を思いきって切ってみたところ、今度はまったく違う場所から新芽が出てきました。しかもあとから出てきた新芽は成長が早いうえ、古い枝を脅かすほどのパワーを秘めているため、早く大輪の花を咲かせることができます。

同様に、**妬んでしまっている相手と同じ場所で同じようになりたいという気持ちを思いきって断ち切り、自分の軸はどこにあるのかを見きわめることです。**そうして自分に向いている分野とやり方を見つけ出して方向転換すれば、妬みに向けていたエネルギーを新しい場所で飛躍するエネルギーに向けることができ、結果的に大成功することになるのです。

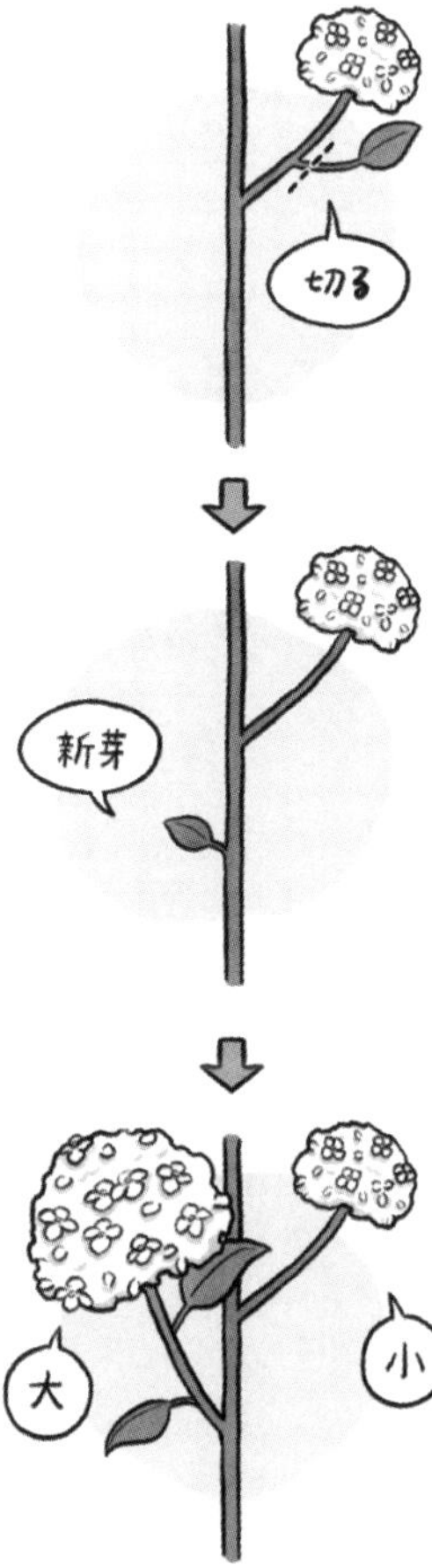

あの人と同じようになろうと、間違った努力をしてしまう人は多いものです。

ですが、一度立ち止まり、自分が大輪を咲かせられる場所はどこか、どちらを向いたら自分らしい花を咲かせられるのかを考え、枝を切る覚悟、花を咲かせる場所を決断する勇気が必要です。

そんなことを、植物（アナベル）は教えてくれています。

自分だけの枝を伸ばし、大輪の花を咲かせよう

5 ネガティブな感情をエネルギーに変える

「見返す」という言葉は、あまりいい意味でとらえられることがなく、できれば使いたくない言葉です。

ちょっと意地悪な気持ち、やり返してやったという気持ち、やっつけてやるという気持ちが入っていて、単純にその人を超えたという言葉ではないように感じます。

ですが、妬みの感情をポジティブなエネルギーに変えていくためには、どうしても「見返す」というところを無視できません。そこに飛躍の秘密があるからです。

そこで**あえて妬んでいる相手を「見返す」ことをゴールにして向き合ってみる**と、その人に向けていた嫌な感情に振り回されることなく乗り越えることができます。

つまり、相手をいい意味で見返すことができると妬みが解消されるのです。

前向きに見返すための六つのステップ

①しっかりと相手を見る

まっすぐな目で、見返したい相手のことを見てください。悪口はいりません。尊敬できるところ、逆によくないと思うところをシンプルに見きわめます。

（例）

あの人の努力と拡散力はすばらしい。見習いたい。でも、あの人みたいになりふりかまわず人を傷つけながら進んでいくようなことはしたくない。成功はしているけれど、まわりの人は傷ついている。

②しっかりと自分と比べる

その人と自分を比べたときに、自分には何が足りないのか、また、その人になくて自分にあるものは何か、できることとできないことを明確にする。

（例）
自分には実力はある。でも、努力を継続する力が足りないし、自己開示能力が低いので理解されにくい。

③悪いものはすべて排除し、いいところだけを抽出する

妬んでいる相手にも悪いところがあるはずです。ここは見習いたくない、こうなりたくないという部分です（①の例など）。

そこを見分け、努力の方向性を決める。

（例）
あの人を見習い、努力と自己開示をして、人に理解されるようにしよう。

④自分が欲しいものが手に入る場所、方法を考える

本当に自分が欲しいものは何か。そもそも、あの人と同じ土俵にいたいのか。違う場所もありでは？　などと考えてみる。

自分の能力を一番発揮できる場所はどこなのか（これがわかると、自分の能力も手伝い、飛躍のエネルギーは倍になる）。


（例）

本当にあの人と同じ資格を取ればいいのか。

自分は本当に会計士になりたいのか。

自分は人の気持ちに寄り添うことが好きだから、カウンセラーのほうが向いているのではないか、など。

⑤見返すためのチェック項目をつくる

ひとつずつ、着実に丁寧に、チェック項目をつくり、ゲーム感覚で実践していきます。

チェック項目は身近なこと、すぐできることからつくりましょう。

それは、今日や明日にできそうなことからです。

たとえば、外見に憧れがあるのなら、「その人がつけていた素敵な髪飾りを買う」といったところからでもかまいません。

そういうすぐにできることから始めて、チェックが埋まる感覚を身につけていきます。そうすると達成感を感じられ、努力が楽しくなってきます。

⑥見返した！　と思える明確なゴールを決めておく

ゴール地点をしっかりと設定することで達成までのモチベーションが上がります。

（例）

あの人の年商を超えたら（数字はわかりやすいバロメーターになる）。

このような手順で自分と向き合い、設定したゴールに達して「見返した」と思えたとき、妬みは消えているはずです。妬みを手放した瞬間でもあります。

先にも書いたように「見返す」という言葉はあまりいい言葉ではありません。ですが、妬みをポジティブなエネルギーに変換するには、ときには「見返す」ぐらいのモチベーションで進んで行くことも、人生においては必要なのではないでしょうか。

なりふりかまわず進んで行くこともときには必要なのです。

つまり、見返したいという思いが生まれたときに、その見返す行動や感情を相手に向けたり、相手を攻撃したりしなければいいのです。

「見返す」ことができると、妬みが消えるのはもちろんですが、「見返したい」という感情も同時に消え、妬んだあの人にもフラットな気持ちでやさしく接することができるので、上手に見返せば、友好関係もほとんどの場合は正常化します。

「もうその人を妬む必要がない」と自分自身で納得することによって、妬みは消えていくのです。

ときには妬ましいあの人を「見返す」くらいの覚悟で

6

妬みをエネルギーに変えるもうひとつの方法

妬みを飛躍のエネルギーに変えるには、実は、もうひとつ隠れた方法があります。しかしこれはかなりの荒技なので、使える方法のひとつぐらいに思っておいてください。

それは、**妬んでいるということを、相手に直接言葉で伝える**ことです。

「そんなこと無理！」

「正直に言ったら、ドン引きされそう」

「相手との人間関係はどうなるの？」

などと思うかもしれません。ですが、妬まれた経験のある方にヒアリングすると、ほとんどの方が、妬みを持たれたとき、その人の言動が今までと違うことやその人の態度がなんとなく不自然なことにうすうす感づいているのです。そのため、はっきり言ってもらったほうがいいという意見が実は意外と多いのです。

しかし、そのことを伝えるには、伝えていい人とそうでない人がいるので、伝える場合は相手の人物の以下の点をチェックしてください。

□バランス感覚の優れている人かどうか

道徳心があり、バランス感覚がいい人かということです。なかには人の話をひねくれて受け止めるタイプや、妬まれることや嫉妬されることに快感を覚えるタイプ、意地悪をするタイプもいるので注意が必要です。

□直接言葉で言えるかどうか

直接相手と顔を合わせ、目をしっかりと見て真剣に話せる人かということです。

メールや手紙だと誤解が生まれやすいので、即座に反応が見られるように対面で伝える必要があります。

□人の感情に寄り添える人か

共感力が高い人かということです。

あなたが一生懸命話しても、理解してくれない人も世の中にはいます。「そんなことを言われても困る。それはあなたの問題でしょ？」と、切り離して考える人にいくら言っても伝わりません。ときにはあざ笑う人もいるでしょう。そういう悪い意味でのサバサバタイプの人は、あなたの感情に寄り添ってくれません。

□信頼関係がしっかりあるか

その人としっかりと信頼関係が築けているかどうかということも大事です。

お互いをよく知らない状態で、妬んでいると伝えても、相手は驚くだけでしょう。知り合ってから長ければ信頼関係が築けるとは限りませんが、少なくとも1年以上は信頼関係を築ける状態であったことが望ましいです。

以上の条件がそろって、二人で静かに話せる環境が整えられたとき、「妬んでしまった」と打ち明けてみると、相手はあなたの感情に寄り添い、真剣に話を聞いてくれるかもしれません。

しかも、その人はあなたがなりたい理想の自分になるための近道を知っている人でもあります。つまり一番のよき理解者、ライバル、師匠になりえる人物です。味方になってもらえたら、こんなに心強いことはありません。


打ち明けられたほうも、素直に話してくれたあなたに敬意を表し、親身になってくれる可能性もあります。何よりも、あなたのことを最近変だなと感じていた気持ちの答え合わせにもなり、ホッとするでしょう。

もちろん、妬んでいることを打ち明けるには勇気がいりますが、その勇気から生まれる新しい関係は、あなたを大きく飛躍させてくれることでしょう。

妬んだ相手にさえも、自分の飛躍に協力してもらおう

7

軸を持って生きると人に振り回されなくなる

私は3歳からピアノを習い、8歳で歌と出会い、そのまま小中高と歌を続け、音大に進み、声楽家になりました。

声楽は身体が楽器なので、いい声で歌うためには、身体の「軸」というものをとても大切にします。また、歌を歌うときは姿勢がとても大事で、些細な身体の角度や姿勢が声や歌に影響するのです。

たとえばヒールがある靴を履いているときとそうでないときでは、身体の軸のとり方が変わります。たとえばヒールの高さがわずか1センチの差だったとしても歌いにくくなってしまうので、体の軸の調整にはいつも気をつかいます。

とはいえ、自分の中に軸がしっかりとできてしまえば、たとえ座っていても、寝転んでいても、ある程度の声は出せるようになります。ミュージカルやオペラで歌う人がどんなポーズでも歌えるのは、身体の軸ができているからです。

実はこの「軸」は心においてもとても重要なのです。


妬みの研究を始めた30代の頃、私は妬みの感情の渦に巻き込まれ、苦しみ、涙を流すこともありました。身体も弱かったので、心の状態がすぐに身体に表われ、毎月のように身体を壊していました。

そんなときでも毎年抱負にしていた言葉があります。

それは、

「軸を持って生きる」

です。


妬んだとき、妬まれたとき、私の心は振り子のように大きく揺れて、その相手と自分の感情に振り回されました。なぜ、そんなに振り回されてしまったのかというと、心の「軸」がなかったからだと思うのです。

木もしっかりと軸のある幹を持ち、その軸から地中にしっかりと根を伸ばしている木は、どんなに強い風が吹こうと倒れることはありません。

しかし、軸が細くて弱く根も短い木は、少しの風でもすぐに折れてしまいます。私の心の軸はそのような弱い木のような状態だったといえます。

ですので、私にとっては、しっかりした木のような軸を持って生きることは、30代の頃の自分の心が折れないための10年間のテーマでもありました。

心の軸をしっかり持つためには、

①自分はどう生きたいのか
②どういう人間になりたいのか
③自分の考える最善とは何なのか

この三つを明確にすることです。

自分の中でこれらが明確になっていれば、人に何か言われても「あなたの考えはそうなのですね、でも、私の考えと生き方は違う」と、振り回されることはなくなるはずです。

たとえば、近頃よく聞く「ジェンダーフリー」や「多様性」という言葉は、「軸を持って生きる」ということをよく表わしている言葉だと思います。

これらの言葉に象徴されるように人間はより自由の幅を広げているのではないでしょうか。

人の考え方や生き方は千差万別で、極端な言い方をしてしまうと、犯罪を犯したり、他人を傷つけたりするようなことがなければ、お互いを認め合える社会になりつつあります。

ですが、**自由には責任が伴います。**そのような他人の自由も自分の自由も認め合う社会では、より他人と自分の考えの違いの線引きをしておかないと、どこが自分の軸かわからなくなるでしょう。

そうならないためにも、自分にフォーカスした幸せを明確に把握する必要があるのです。

たとえば、

- 自分の「軸」は何なのか
- 自分が信じているものは何なのか
- 自分の大切にしているものは何なのか
- 自分が正しいと思うことは何なのか
- 自分のモラルの基準はどこにあるのか
- 自分は10年後どんな人間になりたいのか
- 自分の心を汚すものは何なのか
- 自分が美しいと思うものは何なのか
- どこまでなら許せるのか
- いつまでなら待てるのか
- どこまで他人を自分の心に入れて大丈夫なのか

これらのことにしっかりとした答えを持つと、軸がぶれなくなるのです。

すると、妬んでも妬まれても、自分の軸にすぐに戻ることができ、自らの感情に振り回されることはありません。

そして、軸さえできあがれば、どのような強い風が吹こうとびくともしない木になります。

自分の軸をどこに持つのか、正解はありません。

だからこそ、自由に自分の軸を決め、自分という木はどこで根を伸ばせば大きく強い木になれるのか想像してみてください。そして、心の軸をしっかりと持ってください。

その心の軸こそが妬みの感情に振り回されないための力になります。

いつでも戻れる自分の軸を明確にしておこう

8
「半分半分のルール」を知るとラクになる

「人生、いいことも悪いことも半分半分よ」

昔、祖母がよく言っていた言葉です。

おそらく祖母は、いいことも悪いことも、長い人生の中では均等に起こるようにできているということを伝えたかったのだと思います。

のちに、**禍《か》福《ふく》は糾《あざな》える縄《なわ》のごとし**（幸福と不幸はより合わせた縄のように交互にやってくる）という言葉を知り、これはまさに、祖母の言っていた「半分半分のルール」のことだと理解しました。

妬んでしまうと、そのときは自分が不幸のどん底にあるような気持ちになります。

ですが、今はいろいろなことがうまくいっているあの人もつらく苦しい時期が必ずあったはず。そのことを忘れず、その人に対して妬んだりずるいと思ったりせず、自分にもいい時期が必ずやってくるから努力して待とうということだと、私は祖母の言葉を受け止めています。

成長すれば誰しもわかることですが、人にはそれぞれの環境と境遇があり、すべてが平等ではなく、不平等なことも不条理だと感じることもたくさんあり、幸せと不幸は半分半分ではないのも事実です。

ですが人生において「半分半分のルール」を知っていると、妬んでしまったときも、相手と自分の人生の時期が違うだけなのだとわかるでしょう。

あの人が輝いて見えるのは、苦労や努力の部分があったからこそ。
自分が今、この感情に振り回されているのは、これから輝く前触れ。
と思うことで、前進していけると思います。

いい時期は必ずやってくる。そのために努力して待とう

9

自分も他人も愛し大切にすることが幸せへの道

あなたは、妬んでしまった自分を許すことができますか。
あなたは、妬んでしまったあの人に感謝できるでしょうか。

この二つができたとき、あなたの妬みは完全に解消されたといえます。

妬みというのは、「好き」という気持ちや憧れ、尊敬などの気持ちから始まっていることがほとんどです。
だからこそ、妬みの感情をこじらせないで、「好き」にまた戻りましょうと何回かこの本でお伝えしてきましたが、本当の意味での「妬みの解消」のゴールは、妬んでしまったことの中に含まれる、怒り、葛藤、悲しみ、戸惑いなどの感情がぐちゃぐちゃになった自分を許すことです。

そして、妬む経験をしたからこそ成長できたという事実を受け止め、妬んだ相手に感謝することです。

自分の中にこの「許し」と「感謝」の気持ちが生まれたとき、妬みは完全に解消されたといえるでしょう。

許しと感謝の気持ちが生まれると、今度は泉から水がわき出すように、「愛」があふれてくるのを感じます。

人を妬んでしまったとき、人から妬まれてしまったとき、自分自身に「愛」を感じることはできていましたか？

きっとそんなことを感じる間もなく、感情に振り回されていたと思います。

ですが、妬みを解消し、あの人と自分を許すことができ、感謝の気持ちが起こったとき、自分の中の愛はまた循環しはじめ、自分にも、そして妬ましさを感じた相手に対しても愛があふれてくるのを感じるようになります。

人それぞれ「愛の定義」は違うと思いますが、私の場合の愛の定義は、

愛＝大切にすること、されること

です。

つまり、愛することとは相手を大切に思い、相手を丁寧に扱うこと（発言・行動など）。そして、愛されることとは、愛することと同じく、自分が大切に思われ、丁寧に扱われることだと思っています。

「愛」は恋愛だけにとどまりません。愛は人間だけではなく、動物、自然、地球、どんなものにも関係しています。

そして、もっとも忘れてはいけないのは、自分を愛すること（自分を大切にすること）です。

なぜなら、まずは妬みでガチガチになった自分をほぐしてあげ、自分を愛してあげないと、他人を愛すること、他人から愛されることという愛の循環は生まれないから

です。

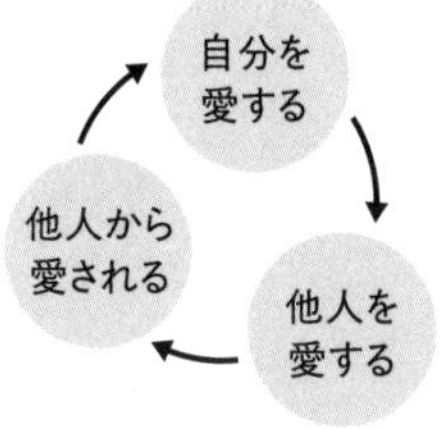

《愛の循環図》

そのような愛の循環が、生きていくうえで大切な自分をつくるエネルギーであることを理解し、それらを体感したとき、あなたは妬みを乗り越えたといえ、まるで愛が体じゅうをめぐるように感じるでしょう。

愛が循環するようになる。それこそが、真に妬みから解放され自由になったということなのです。

愛がダダ漏れの人になろう

Column

SNSはジェラシーの温床

今や、SNSは広く使われるようになり、日々、おいしいレストランでの食事や優雅な休暇旅行、素敵な自宅のインテリアなど何かしらの投稿がされています。

それらの投稿が目にとまると、「リア充《じゅう》」と揶揄《やゆ》し、嫌な気持ちになったりと、妬みの発生率は、昔よりも上がっているかもしれません。

そのため、SNSの扱いは注意が必要だと感じている方も多いでしょう。

たとえば、あなたがSNSでつながっているAさんに対して妬みを感じているとします。

Facebook、Instagram、TikTok、Clubhouse、X（旧Twitter）などをやっていたとしましょう。

するとあなたが五つのSNSにアクセスするだけで、Aさんの情報が自動的に目に入ってしまいます。それらを見ることでAさんについて、SNSの種類の数だけ知ってしまうことになるのです。そのたびに思い出し、もやもやチクチクするのであれば、心の健康によくありません。

そんな気持ちになるのなら、ＳＮＳをやらなければいいのに！　と思う方もいると思うのですが、自分の大切な人間関係もあるでしょうし、何かしらの連絡手段だったりするので、それらのアカウントを完全にリセットするのは難しいことはわかります。

ですが、妬みを軽減するには、何らかの工夫は必要です。

たとえば、
・ＳＮＳを見る時間を決めておく（朝の通勤時間のみ、など）
・フォローを外しても相手にわからないものは外しておく（Facebookなどは制限できます。１１７ページ参照）
・妬んでいる相手がやっていないＳＮＳを利用する。そして、今までのＳＮＳはあまり見ない（違う世界を開拓する）
ＳＮＳを少し整理して、相手のことを知る時間が減っていけば、自分の中で相手との距離をうまくとることができるようになっていきます。

おわりに

「妬みの海からおかえりなさい」

　これは相談者さんが妬みから解放されたときにいつもかける、私からの言葉です。

　多くの方がそうだと思いますが、誰かを妬んでいるときも誰かから妬まれたときも複雑な感情が渦巻き、心が激しくかき乱されます。それは妬みの感情特有の「好き」と「嫌い」の気持ちが大波小波のように交互にくることで、まるで妬みの海の中で心に嵐が吹いているような状態だと私は常々思っています。

　ですが妬んだ人も妬まれた人も、そういう妬みの海の嵐の中に自ら飛び込んだわけではないでしょう。おそらく思いがけず遭難してしまい、たどり着く先も見えない妬みの海をさまよっているのではないでしょうか。

　そんなときの「方向性はこっちだよ」と海で遭難した人がわかる、灯台の一筋の光のようになりたいと思い、私はこの20年間研究を続けてきました。

本書を書くにあたっては、かつて私自身がさまよっていた妬みの海に再び飛び込み、嵐の中に落としてきた宝物を探す作業の連続でした。

なぜなら、妬みについて書く作業は、自分の過去に戻ってそのときの気持ちを思い出し、同じように傷つき、その気持ちを俯瞰する作業そのものだったからです。それはまるでタイムマシーンに乗って過去と現在を行き来しているような感覚でもありました。

今あらためて当時を振り返ると、すべての出来事が愛おしく、妬んだことも妬まれたことも、自分の成長の糧になったことは間違いないと断言できます。

妬みの感情を逃げずに受け止め、自分の前向きなエネルギーに変えていったことで、今日の自分があるのだと実感もしています。

そして、それらの経験から、妬みをうまく乗り越えた先には必ず明るい未来があるということがわかり、あなたのまわりで今、軽やかにうまくいっているように見える人はジェラスフリーに生きていることがわかるのです。

ここであらためて、みなさんにお伝えしたいことは、
妬みは「ポジティブなエネルギー」だということ。

そのポジティブなエネルギーは、
自分が大きく成長できる「飛躍のエネルギー」だということ。

そして、妬みを乗り越えるには、
圧倒的な「愛」のエネルギーが必要だということ。

そのためには、
まず自分を愛し「大切」にするということ。

自分を大切にできて自分軸ができると、
感謝と許しが生まれ、「愛の循環」がまわりはじめるということ。

そういう愛の循環があなたの中でまわりはじめたとき、
いつのまにかジェラシーから「自由」になっているということ。

それこそが、人生がうまくいく人の**「ジェラスフリーな生き方」**なのです。

この本を手にとっていただいたすべての方へ。
最後までお読みいただき、本当にありがとうございました。
本書がみなさまのお役に立ち、ジェラスフリーな生き方への手がかりになれば、これ以上の喜びはありません。

清川永里子

人生《じんせい》がうまくいく人《ひと》の
ジェラスフリーな生《い》き方《かた》

著　者――清川永里子（きよかわ・えりこ）
発行者――押鐘太陽
発行所――株式会社三笠書房
〒102-0072　東京都千代田区飯田橋3-3-1
https://www.mikasashobo.co.jp
印　刷――誠宏印刷
製　本――若林製本工場

ISBN978-4-8379-4030-2 C0095

本書へのご意見やご感想、お問い合わせは、QRコード、
または下記URLより弊社公式ウェブサイトまでお寄せください。
https://www.mikasashobo.co.jp/c/inquiry/index.html